中等职业教育交通运输类专业新技术人才培养系列教材

智能交通概论

张　毅　彭科宏　莫逸飞　主　编
　　　　　谭尚伟　李利勤　副主编

人民交通出版社股份有限公司
北　京

内 容 提 要

本书为中等职业教育交通运输类专业新技术人才培养系列教材。本书主要内容包括智能交通系统概述、智能交通应用场景与智能交通的未来,共计三个部分,每一部分分别以知识模块与模拟实验的形式展开内容。

本书可作为中职学校交通运输类专业的教学用书。

图书在版编目(CIP)数据

智能交通概论/张毅,彭科宏,莫逸飞主编.—北京:人民交通出版社股份有限公司,2021.8(2024.9重印)
ISBN 978-7-114-17506-0

Ⅰ.①智… Ⅱ.①张…②彭…③莫… Ⅲ.①交通运输管理—智能系统—中等专业学校—教材 Ⅳ.①U495

中国版本图书馆 CIP 数据核字(2021)第 171025 号

Zhineng Jiaotong Gailun
书　　名:智能交通概论
著 作 者:张　毅　彭科宏　莫逸飞
责任编辑:李　良
责任校对:孙国靖　龙　雪
责任印制:张　凯
出版发行:人民交通出版社股份有限公司
地　　址:(100011)北京市朝阳区安定门外外馆斜街 3 号
网　　址:http://www.ccpcl.com.cn
销售电话:(010)59757973
总 经 销:人民交通出版社股份有限公司发行部
经　　销:各地新华书店
印　　刷:北京市密东印刷有限公司
开　　本:787×1092　1/16
印　　张:14.25
字　　数:245 千
版　　次:2021 年 8 月　第 1 版
印　　次:2024 年 9 月　第 3 次印刷
书　　号:ISBN 978-7-114-17506-0
定　　价:37.00 元

(有印刷、装订质量问题的图书,由本公司负责调换)

前言

随着社会经济的发展,交通运输行业的发展越来越快、规模越来越大,公交(BRT)、公路客运、轨道交通等方面的衔接越发紧密,对交通科技与信息化要求也越来越高。在此背景下,以新一代人工智能、信息技术等为核心的智能交通应运而生,为城市、城际交通提供了诸多帮助。智能交通系统(ITS),被看作是缓解交通拥堵、提高交通安全、改善交通污染的重要技术手段。近年,随着5G网络、人工智能、云计算、大数据等新一代科学技术的发展,以自动驾驶、车路协同为主要特点的新一代智能交通系统逐渐成为解决交通问题新的突破口。

智能交通的发展,是科学技术发展及其成果不断转化,进而推动现代交通业发展的过程,与此同时,也对交通运输行业的从业人员提出了更高的要求。未来,具备对智能交通技术的基本认知,将成为所有交通类专业人才培养的基础。现阶段,职业教育中针对智能交通基础认知的教材并不多见,"智能交通系统概论"一类的教材大多偏向原理、组织结构、系统框架等理论,过于复杂深奥,与"智能交通"作为职业教育交通类专业入门课的属性不匹配,也与日常生活、日后工作岗位的需求等结合不够紧密。

针对上述背景,为了满足职业教育交通类专业人才培养的需要,同时考虑到智能交通涉及交通、汽车、传感器以及信息技术等领域技术的整合,我们组织了一支涵盖交通管理、电子信息技术、城市轨道交通、物流等学科的跨学科教师团队,编写了《智能交通概论》一书。本书基于职业教育和城市交通发展的实际情况,突破性地从生活中的交通场景出发,由浅入深,系统地讲授了城市道路交叉口交通信号控制、卫星导航、智能停车场、城市公共交通(公交、BRT)、"移动互联网+"出行、智慧高速公路、车辆自动驾驶技术、智慧城市轨道交通、智慧物流九种智能交通场景背后的基本理念、核心技术和发展趋势等。

本书在编写过程中,强调工学结合,以能力培养为本位,结合STEM教学理念,开创性地设置了智能红绿灯搭建、寻找天空中的卫星、共享单车体验、电子地图制作、模拟公交车行驶比赛、无人智能小车制作等 20 多个与各类智能交通场景(技术)适配的实验和体验活动,并附有详细的实验工作页、指导、微课、搭建操作视频、程序源代码等各种教学资源(可扫描书中二维码或从电子课件中获取)。实验基于 Arduino 等开源开放平台,设备和教学门槛友好,趣味性与可操作性强,对于促进学生在智能交通技术应用逻辑的理解、激发学习热情、提升教学效果、拓宽视野、培养创新思维等方面有着非常积极的作用。本书由张毅、彭科宏、莫逸飞担任主编;谭尚伟、李利勤担任副主编;罗慧贤、尧冠娟、徐韵茹参编。

  现今,智能交通技术的发展一日千里,研究成果层出不穷,百家纷呈,但由于作者水平有限,尽管已经非常努力,书中疏漏和不妥之处在所难免,恳请广大读者和同行专家批评指正。

编 者
2021 年 5 月

目　　录

第一部分　智能交通系统概述 ………………………………………………………… 1
知识模块　初识智能交通系统 …………………………………………………… 1
模拟实验　监控警示灯的搭建 …………………………………………………… 8

第二部分　智能交通应用场景 …………………………………………………………… 12
场景一　城市道路交叉口交通信号控制 ………………………………………… 12
知识模块　认识交通信号控制技术 …………………………………………… 13
模拟实验一　交通信号灯的搭建 ……………………………………………… 25
模拟实验二　传感器与交通信号控制 ………………………………………… 28
模拟实验三　闯红灯警报系统的搭建 ………………………………………… 32

场景二　卫星导航 ………………………………………………………………… 37
知识模块　卫星导航技术 ……………………………………………………… 38
模拟实验一　电子地图使用 …………………………………………………… 47
模拟实验二　搜星平台的搭建 ………………………………………………… 50
模拟实验三　简易电子地图的制作 …………………………………………… 55

场景三　智能停车场 ……………………………………………………………… 58
知识模块　智能停车场技术认知 ……………………………………………… 59
模拟实验一　智能闸门搭建仿真 ……………………………………………… 70
模拟实验二　停车场闸门语音系统搭建仿真 ………………………………… 73
模拟实验三　停车场车位统计系统搭建仿真 ………………………………… 76

场景四　城市公共交通（公交、BRT） …………………………………………… 80
知识模块　智能公交系统认知 ………………………………………………… 81
模拟实验　智能公交行驶实验搭建仿真 ……………………………………… 95

场景五　"移动互联网＋"出行 …………………………………………………… 96
知识模块一　网约车的技术认知 ……………………………………………… 97
知识模块二　共享单车认知 …………………………………………………… 108
模拟实验一　网约车派单小实验 ……………………………………………… 116
模拟实验二　共享单车"智能锁" ……………………………………………… 117

场景六　智慧高速公路 …………………………………………………………… 119
知识模块　高速公路运营管理认知 …………………………………………… 120
模拟实验一　区间测速及监测车流量系统搭建仿真 ………………………… 133

― 1 ―

模拟实验二　雨天提醒系统搭建仿真 ·· 137
　场景七　车辆自动驾驶技术 ··· 142
　　知识模块　汽车自动驾驶技术认知 ·· 143
　　模拟实验一　循迹智能小车搭建仿真 ··· 171
　　模拟实验二　避障智能小车搭建仿真 ··· 175
　　模拟实验三　智能小车识别交通信号灯搭建仿真 ··································· 178
　场景八　智慧城市轨道交通 ·· 183
　　知识模块　智慧城市轨道交通认知 ·· 183
　　模拟实验一　智慧城市轨道交通乘车体验 ··· 189
　　模拟实验二　模拟司机驾驶 ··· 191
　场景九　智慧物流 ··· 192
　　知识模块　智慧物流的概念与技术认知 ·· 193
　　模拟实验　智能快递柜体验活动 ··· 200

第三部分　智能交通的未来

　　知识模块一　车路协同 ·· 204
　　知识模块二　5G与智能交通 ·· 212

附录 ·· 218
习题集 ·· 219
参考文献 ··· 220

第一部分 智能交通系统概述

知识模块 初识智能交通系统

(1) 智能交通系统的发展历史。
(2) 中美智能交通系统发展战略。
(3) 智能交通相关技术。

一、智能交通发展历史

交通运输是一个历史悠久的行业,随着社会经济的发展、技术的进步,其业态也在不断地发展进步。更高的出行效率与安全性、更为优质的出行体验,是这个行业永恒的追求。然而随着我国城市化进程日渐加快,车辆密度快速增大,交通拥堵也越发严重,人们出行时间成本增加、能源浪费、交通管理难度提升、交通事故频发等诸多问题随之而来。要完成从交通大国向交通强国的质变,不是通过简单的拓宽马路、增加停车场等单一的交通建设行为就可以实现。在加大交通基础设施建设的同时,更为关键的是要科学地对现有交通运输资源进行高效的整合与配置,积极融入新一代信息通信技术,借助大数据、区块链等技术进行管理。

1. 智能交通的概念

智能交通系统(Intelligent Traffic System,ITS)又称智能运输系统(Intelligent Transportation System),是将先进的科学技术(信息技术、计算机技术、数据通信技术、传感器技术、电子控制技术、自动控制理论、运筹学、人工智能等)有效地综合运用于交通运输、服务控制和车辆制造,加强车辆、道路、使用者三者之间的联系,从而形成一种保障安全、提高效率、改善环境、节约能源的综合运输系统。

智能交通源自交通信息化和交通工程,直到1994年,国际上才真正出现智能交通这个概念。在1995年我国高速公路建设初期,中国公路学会专家刘以成在第一期《中国公路学报》上发表的《世纪之交的中国公路交通科技》一文,对ITS的发展提出了明确建议:"ITS是公路交通21世纪前半叶将实现的方向性技术;必须紧密跟踪,积极开展工作;交通部门是组织者;要建立专门研究机构,可在交通部公路科学研究所先建一个研究室,逐步扩大,建成一个联合体;利用经济杠杆,组织各有关方面进行国内外的协作研究。"

2. ITS在我国的发展情况

1995年交通部组团参加第二届世界智能交通大会。通过交流,参会人员看到众多未来交通行业的前沿技术。此后,我国陆续组团参加ITS相关会议,发展智能交通也正式提上了国家的工作日程。1997年,交通部访问美国考察ITS,在加利福尼亚州实地考察了自动驾驶与城市交通控制中心,在华盛顿拜访了美国ITS协会,了解了美国ITS的总体情况。1998年,交通部总工程师凤懋润作为代表参加第五届智能交通世界大会,并在大会上发言,全面展示我国交通的发展和未来。

1)发展ITS的争论与突破

20世纪90年代,我国还处于建设道路交通体系的初级阶段,公路总里程约120万km(其中高速公路2000多km),机动车3600万辆,国内生产总值(Gross Domestic Product,GDP)和人均GDP、百人拥有车辆数等数据远低于西方发达国家,发展智能交通是否合适这个问题引发了广泛的讨论。研究人员通过立项研究智能交通发展战略,得出中国要抓住机遇提前布局,协调基础设施建设目标的结论。ITS建设总体规划,分步实施,从容易实现的做起,选好切入点;先抓投资类,后抓消费类。回顾我国智能交通的发展,从1995年起步到2001年技术开发与小型示范,再到2006年,特别是以北京奥运会、上海世博会和广州亚运会的集成应用示范,到最近几年组织的新一代智能交通技术开发,我国在智能交通领域经历了由弱到强的发展过程。

2)我国智能交通现状

经过20多年的发展,我国的不停车收费公路已达12万km;车载导航每年销售300万台以上;手机地图(导航)用户超过7亿人;网上销售火车票占比超过70%;网络预约出租汽车(以下简称网约车)已经服务超过400个城市,服务用户超过了2亿人次,日均订单1000万个以上;网络销售机票占比超过总量的80%,航班信息服务App用户超过3000万人;发行公交集成电路卡(Integrated Card,IC卡)5亿张;高速公路通信监控覆盖10万km以上,国家公路运行监管系统覆盖

40万km以上;城市指挥控制系统超过200个。

当前我国正处于交通系统大变革的前夜,数字化、智能化及互联网极大地促进了交通系统的演进。交通方式不变,但平台化和联网化使交通工具运营机构发生了改变,如网约车和共享单车;服务的性质不变,但是方式和渠道发生改变,如网上售票;交通工具不变,但驱动和工作方式改变,如自动驾驶汽车;交通监控主体不变,但控制和管理方式改变,如智能车路协同系统、新一代交通控制网。未来,当载运平台和系统都发生了实质改变时(无人驾驶的普及),便会形成下一代更加智慧的交通系统,而推动这些实质变革的全新交通技术在现阶段正陆续地从研发走向商用。

二、中美智能交通战略对比

1. 中国智能交通战略

2019年9月19日,中共中央、国务院印发了《交通强国建设纲要》(以下简称《纲要》),《纲要》中明确提出要大力发展智慧交通,推动大数据、互联网、人工智能、区块链、超级计算等新技术与交通行业深度融合,推进数据资源赋能交通发展,加速交通基础设施网、运输服务网、能源网与信息网络融合发展,构建泛在先进的交通信息基础设施。构建综合交通大数据中心体系,深化交通公共服务和电子政务发展。推进北斗卫星导航系统应用。从2021年到21世纪中叶,分两个阶段推进交通强国建设,到2035年,基本建成交通强国。现代化综合交通体系基本形成,人民满意度明显提高,支撑国家现代化建设能力显著增强;拥有发达的快速网、完善的干线网、广泛的基础网,城乡区域交通协调发展达到新高度;基本形成"全国123出行交通圈"(都市区1h通勤、城市群2h通达、全国主要城市3h覆盖)和"全球123快货物流圈"(国内1天送达、周边国家2天送达、全球主要城市3天送达),旅客联程运输便捷顺畅,货物多式联运高效经济;智能、平安、绿色、共享交通发展水平明显提高,城市交通拥堵基本缓解,无障碍出行服务体系基本完善;交通科技创新体系基本建成,交通关键装备先进安全,人才队伍精良,市场环境优良;基本实现交通治理体系和治理能力现代化;交通国际竞争力和影响力显著提升。

到21世纪中叶,全面建成人民满意、保障有力、世界前列的交通强国。基础设施规模质量、技术装备、科技创新能力、智能化与绿色化水平位居世界前列,交通安全水平、治理能力、文明程度、国际竞争力及影响力达到国际先进水平,全面服务和保障社会主义现代化强国建设,人民享有美好交通服务。

2020年4月,中国工程院会同交通运输部开展的"交通强国战略研究"项目中指出,交通强国智能交通战略主要建设目标为:全面建成世界领先的智能交通系统,领跑世界智能交通的发展;主要工作任务是:智能缓解交通拥堵、智能提升交通安全水平和提供高品质智能交通服务。针对上述目标,提出六项战略发展重点。

1)大数据共享平台及交通云技术应用

(1)建立国家级、省级、市级三级大数据共享云平台,数据由下至上逐级汇聚,实现跨层级、跨地域、跨系统、跨部门、跨业务的数据共享、协同管理和一体化服务。

(2)建立大数据共享标准及安全管理机制。

(3)建立大数据政企开放共享模式和机制。

(4)建设模式为政府主导,企业建设运维。

(5)分析交通需求,优化基础设施和运营管理,挖掘交通大数据的潜在价值,建立健全大数据辅助科学决策机制。

(6)实现交通安全管理、拥堵管理、共享管理等智能化的组织管理。

2)提高城市智能交通管理水平

(1)以智能交通为手段,创新数据驱动的城市交通智能化精细管理。

(2)建立基于大数据支撑的交通控制、管理、决策、服务一体化的部门联动、协同管控的智能交通管理系统。

(3)利用大数据、"互联网+"、人工智能等技术,创新交通管理服务新模式。

(4)推动基于大数据精准执法、互联网便民服务等智能交通部分领域领跑世界智能交通。

3)实现高效便捷一站式智能客运服务,实现"门到门"一单制智能货运服务

(1)利用互联网、大数据、电子支付等先进技术,通过行车、停车、枢纽换乘、末端出行以及应答式定制服务等各个环节的智能化实现"门到门"的一站式高效便捷服务。

(2)实施个性化服务、多样化服务、全程服务、预约式服务等多种智能服务方式。

(3)建设信息共享、全程可视、智能可控的货运云平台,实现货运物流的全链条一体化信息服务与运输服务。

(4)推动使用货运电子运单,建立货物多式联运及共同配送。

(5)加强先进货运技术研发与应用,推动无人驾驶技术在货运车辆的研究和应用。

4)智能提升交通主动安全水平

(1)交通安全智能分析研判体系建设。

(2)交通安全设施智能化提升。

(3)智能安全大通道建设。

(4)全社会智能交通安全防控体系。

(5)提高车辆安全水平、智能水平、改善车辆技术状况。

(6)智能化手段规范交通行为、促使交通安全文化的形成。

5)车路协同一体化发展

(1)提高通行效率、提升交通安全、促进节能环保。

(2)优先在长途货运和公交车方面推进无人驾驶。

6)实现综合运输智能化关键技术突破

(1)基于交通大数据共享平台,建立涵盖全交通方式的全国综合运输智能监测和智能决策平台,并实现与城市智能平台对接。

(2)建设基于北斗导航系统的新一代智能交通系统。

(3)围绕连续导航、位置服务、紧急救援等领域展开北斗系统在交通领域规模化应用,实施北斗基础设施一体化、应用示范一体化和运营服务一体化。

(4)推进北斗导航系统在智能交通中的应用,建设基于北斗导航系统的交通监控、管理、公路收费、城市公交、停车以及交通事故应急救援系统。

2.美国智能交通战略

2020年3月,美国运输部发布《智能交通系统(ITS)战略规划2020—2025》(以下简称"ITS战略"),明确了"加速应用ITS,转变社会运行方式"的愿景,以及"领导智能交通系统的合作和创新研究、开发和实施,以提供人员通勤和货物运输的安全性和流动性"的使命,描述了美国未来5年智能交通发展的重点任务和保障措施。

在战略方面,ITSJPO(美国智能交通发展专项办公室)采用一套有针对性的战略,来引导美国运输部等各行政部门与其他私营和公共单位之间的合作,共同研究、开发与实施ITS技术。ITS战略框架包括识别评估技术、协调和领导ITS研发工作、展示价值、支持部署、贯彻ITS技术五大方面。

在规划方面,ITS战略提出的规划领域包括新兴和使能技术(enabling technology)、网络安全、数据访问和交换、自动驾驶、完整出行-ITS4US、加速ITS部署,以推动ITS技术的全生命周期发展。

1)ITS战略框架

(1)识别并评估可用于交通系统的新兴技术。

(2)从公共利益出发,协调和引导 ITS 研究和开发。

(3)展示新兴技术对改善交通系统的优势。

(4)支持已得到验证的 ITS 技术、方法和政策应用于整个交通系统。

(5)贯彻 ITS 技术与政策,促进交通运输模式效益最大化。

2) ITS 战略规划领域。

(1)新兴和使能技术。

(2)网络安全。

(3)数据访问和交换。

(4)自动驾驶。

(5)完整出行——ITS4US。

(6)加快 ITS 部署。

相较 2015 年美国运输部公布的 ITS 战略,新版 ITS 战略具有如下特点:

美国:《智能交通系统(ITS)战略规划2020—2025》

(1)新版 ITS 战略更加突出 ITS 的部署,已经从关注自动驾驶、联网汽车的研究上,开始加速 ITS 部署与应用。

(2)新版 ITS 战略关注对 ITS 发展建设的支撑技术,例如数据交互、网络信息安全等。

(3)新版 ITS 战略未提及专用短程通信技术(Dedicated Short Range Communication,DSRC)[2015 版战略中,明确(Vehicle to Vehicle,车对车的信息变换)采用 DSRC 技术],更关注快速发展创新技术,比如第五代移动通信技术(5G)等新型通信技术。

总体上看,美国 ITS 以五年规划为蓝图布局智能交通发展战略,其愿景和使命具有一定的延续性和继承性,2010 年版战略强调交通的连通性,2015 年版战略重视车辆自动化和基础设施互联互通,2020 年版战略从强调自动驾驶和智能网联单点突破到新兴科技全面创新布局,完善了基于技术生命周期的发展策略,着重推动新技术在研发实施评估全流程示范应用。

三、智能交通的关键技术

1995—2000 年,随着数据传输速度的突飞猛进和定位服务技术、通信技术的发展,智能交通发展速度明显加快,通信技术已经不再成为限制因素,此时智能交通系统发展主要受限于计算能力。2000—2010 年,智能交通技术全面推进,高清视频、智能分析研判等在城市交通领域得到全面应用。2010 年至今,随着大数据、机器学习等技术的不断发展,基于人工智能的车路协同、自动驾驶、智能出行等成为智能交通技术发展的关键方向。

1. 城市智能交通控制技术

依靠磁感线圈、视频、微波等传感器采集的数据,计算交叉路口的实时交通流量,调整信号配时方案。就控制范围而言,信号控制可以分为单路口信号控制、干线协调控制(线控制)和区域信号协调控制(面控制)。大数据也带来了基于机器学习的区域信号协调控制模型。

2. 交通分析研判技术

在新一代信息技术发展的背景下,基于大数据的分析研判充分利用大量非结构化数据,采用大数据分析技术,能实现跨区域、跨部门、跨行业的信息共享和深度挖掘应用,能完成对交通运行、安全、监管、资源优化配置等整体态势的评估、分析与预警,实现了分析研判技术质的飞跃,为国家、区域交通重大决策和社会信息服务等提供了强有力的支撑。

3. 车路协同技术

车路协同主要包含三类技术:车车/车路通信技术、交通安全技术、交通控制技术。在通信技术方面,应用于车路协同的4G/5G、V2X(Vehicle to everything,车对外界的信息交换)、Wi-Fi等技术均已进入商用阶段。在交通安全技术方面,视野盲区警告、辅助换道、紧急避撞等已有应用。在交通控制技术方面,基于车路协同实时获取车辆状态,通过车速引导实现优化控制也已经有研究和应用。

4. 计算机视觉

计算机视觉(又可称为机器视觉)是使用计算机进行运算和分析,从视频中提取有助于判断决策等有用信息的技术,其利用特定算法提炼视频信号中所包含的内容信息或特定目标物体的运动信息等,实现计算机对于视频的智能理解,使计算机在一定程度上替代人的工作。

5. 城市交通大脑

城市交通大脑就是在大数据、云计算、人工智能等新一代信息和智能技术快速发展的大背景下,通过类人大脑的感知、认知、协调、学习、控制、决策、反馈、创新创造等综合智能,对城市及城市交通相关信息进行全面获取、深度分析、综合研判、智能生成对策方案、精准决策、系统应用、循环优化来更好地实现对城市交通的治理和服务,破解城市交通的问题,并提供系统的、综合服务的城市智能交通系统的核心中枢。

6. 卫星导航定位系统

2017年11月5日19时45分,我国在西昌卫星发射中心用长征三号乙运载火箭,成功发射两颗北斗三号全球组网卫星,空间信号用户测距误差达到0.5m,系统定位精度达到2.5~5m。

7. 无感技术

无感技术是指通过大数据等新技术手段,简化传统交通流程,使出行者在某些特定环节(如收费、验票等)中实现无干扰通过,提高效率和舒适度。

8. 人工神经网络

交通运输问题是高度非线性的,可获得的数据通常是大量的、复杂的,用神经网络处理相关问题有它巨大的优越性。人工神经网络在汽车驾驶人行为的模拟、参数估计、路面维护、车辆检测与分类、交通模式分析、货物运营管理、交通流量预测、运输策略与经济、交通环保、空中运输、船舶的自动导航及船只的辨认、地铁运营及交通控制等领域已经应用,并取得了很好的效果。

模拟实验　监控警示灯的搭建

在交通行业中,警示灯的使用随处可见,如在维护道路、交通控制等场景中,都会设置一个警示灯,提示车辆和行人注意安全,在一些监控中心也会设置一些警示灯,用来提醒管理人员进行决策等。本次实验课主要学习如何使用Arduino平台和linkboy图形化编程软件,从而为后续章节的智能交通场景搭建实验做好准备。

一、学习目标

(1)学会Arduino UNO平台在linkboy图形化编程软件中的仿真使用。
(2)能搭建模拟的交通信号环境。
(3)提高思考与动手能力。

二、学习任务

模拟搭建交通监控中心的警示灯,提醒管理人员决策。

三、相关知识

1. 警示灯

警示灯根据外形特征不同,可分为组合长排警示灯、组合塔形警示灯、小型各类警示灯等。在某些场合增加警示灯,可以使行人与车辆及时注意危险,为出行或救援提供有效警示。

2.实验设备清单

本实验所需设备见表1-0-1。

实 验 所 需 设 备　　　　　　　　表1-0-1

设备			
名称	LED发光模块	按钮模块	UNO组合板

四、实验步骤

1.任务说明

按下按钮后,让灯闪烁起来;再次按下,灯熄灭,以此模拟仿真警示灯效果。

2.搭建监控警示灯仿真

在linkboy软件中,找到图1-0-1中的设备或模块,进行仿真搭建。

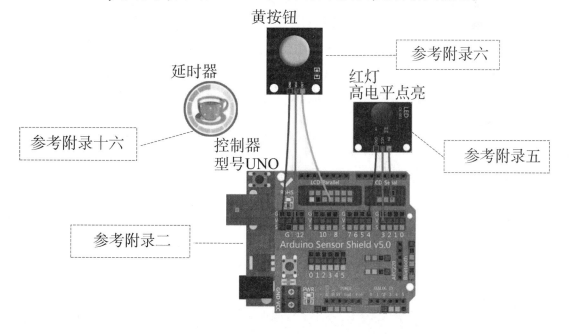

图1-0-1　监控警示灯仿真搭建图

3. 操作内容

(1) 请按照仿真接线,填写图 1-0-2 与图 1-0-3 中空白处的内容。

OUT:接信号端_____
VCC(+):接_____
GND(-):接_____

图 1-0-2　仿真接线(1)

OUT:接信号端_____
VCC(+):接_____
GND(-):接_____

图 1-0-3　仿真接线(2)

(2) 编程思路。

编程时,我们需要按部就班,不能想着一步到位,先从实现最简单、最基本的功能开始,慢慢地"添砖加瓦",完善程序,实现最终所需要的工作效果,参考程序可扫描二维码查看。

第一步:先让灯亮起来(参考附录 5 LED 发光模块)。

第二步:让灯闪起来(参考附录 16 延时器)。

第三步:按下按钮后,才让灯闪起来(参考附录 6 按钮模块、附录 18 如果语句、附录 19 元素-条件类型、附录 20 取反语句)。

参考程序

第四步:再次按下按钮后,灯熄灭(参考附录 18 如果语句,增加"否则"块)。

提示:可以先定义一个条件量,按下按钮后,条件量会改变,然后在控制器中,根据条件量不同的值来进行判断,执行相应的指令。

(3) 完成实验。

完成仿真接线和程序编写后,进行仿真测试,并按照仿真搭建图,进行实物搭建,仿真与实物效果请扫描二维码查看。

仿真效果(1)

仿真效果(2)

实物效果

(4) 任务小结。

你制作的警示灯,能应用在交通行业中哪些方面?可起到什么作用?还能继续升级改进吗?

4. 评价表

本实验的评价表见表1-0-2。

评 价 表　　　　　　　　　　表1-0-2

评价要点		自评	互评	教师评
仿真效果 (50分)	仿真效果是否与任务要求一致(30分)			
	场景布局效果是否整洁(10分)			
	程序编写是否合理(10分)			
实物搭建 (40分)	真实效果是否与任务要求一致(30分)			
	接线工艺(10分)			
5S管理(10分)	工位是否整洁干净(10分)			
总分				

注：5S即整理(Seiri)、整顿(Seition)、清扫(Seiso)、清洁(Skiketsu)、素养(Shitsuke)，后同。

五、课后思考

(1)除了用取反的方式来实现按下按钮决定灯的亮灭外,还能用什么方法来实现？

_____

_____

(2)在日常出行中,你还看到过哪些警示灯？

_____

_____

第二部分　智能交通应用场景

场景一　城市道路交叉口交通信号控制

　　在2018杭州·云栖大会上,杭州城市数据大脑(以下简称城市大脑)2.0版正式发布,此版城市大脑"更新"后,已覆盖杭州全市范围,"更新"内容包括将探索建设人工智能信号灯等。在城市大脑1.0版试点的杭州中河—上塘高架道路、莫干山路主干道,道路平均延误指数相比试点前分别下降15.3%和8.5%,高架道路出行时间节省了4.6min。杭州市59个高架匝道交通信号灯已由人工智能算法技术接管,通过2min、4min、6min不断学习、反馈和自我评价,不断优化配时方案,实现信号控制效果的"螺旋式"上升,有效提高了通行效率。城市大脑自投用以来,为杭州城市治堵贡献了力量。2017年,杭州市拥堵排名从2015年的全国前3下降至第48位,2018年第二季度降至第57位。通过分析研判路面情况,调整红绿灯疏导交通等方式,城市大脑明显提升了试点道路通行效率;借助手机终端等多种渠道反馈交通信息,能够引导人们避开拥堵;推动了交通执法的信息化、智能化和精准化。据了解,城市大脑2.0版还支持该市各区、县(市)的分域应用,在改善交通、服务民生方面,实现了包括掌握全局交通态势、警情闭环处置、实施人工智能配时、拓展民生服务渠道在内的4项新突破。

场景解读

　　道路平面交叉口是两条或两条以上道路的交会处,是机动车流、非机动车流和人流的汇集点,是道路交通的瓶颈,更是时空路权分配的重点和难点区域。而道路交通信号控制作为道路平面交叉口时间路权分配的最主要手段,在交通工程、交通管理工作中占有极其重要的地位。其系统构架是否科学、运行是否稳定、控制策略选择是否合理,决定着一个区域整体交通服务水平的高低。同时,随着各类交通流检测设备的不断完善,互联网、大数据、云计算、多维感知、人工智能等信息化技术的高速发展迭代,为交通信号控制系统智能化水平的提升提供了新的增长动力。

知识模块　认识交通信号控制技术

(1) 掌握交通信号控制的各个参数。
(2) 掌握电子警察的系统组成和工作原理。
(3) 了解交通信号控制系统的智能化发展趋势。

一、国内外城市交通信号控制的发展历程

1. 交通信号灯的起源

1868年英国伦敦市首次使用燃气信号灯,用于管理城市交通。这种信号灯根据铁路信号显示方式,由红灯与绿灯组成,这是城市交通信号使用的开始。在当时,交通警察大多使用手提式照明灯来指挥交通。1914年,美国在克利夫兰城安装使用了人工操作的电气照明信号灯,这种方式在6年后被日本采用,10年后被英国采用,这种信号灯设置在交叉口中央的信号塔上,四个方向均有直径为37.5cm的红、绿、黄三色的圆形投光器。许多国家采用后又逐渐给予了改进。1926年,世界上第一台自动控制街道交叉路口的交通信号机在英国研制成功并开始使用,它采用固定周期控制方式,随后又出现多时段固定周期控制方式。1928年,美国研制成功车辆感应式交通信号灯,使用橡皮管气压式检测器,该信号灯于几年后被英国、日本采用。在交通信号不断改进和发展的同时,用于多个路口协调统一控制的交通信号控制方式也在不断进步。1917年,美国盐湖城安装使用了人工控制的干道信号协调系统。1922年,美国休斯敦市建立了一个采用电子计时器的干道信号协调系统。1928年,美国研制成功一种灵活的步进式定周期干道信号定时系统,由于其技术简单、可靠性高、价格低廉,很快被英国、联邦德国、日本等

国家广泛应用。

随着交通信号感应控制技术和电子计算机技术的发展,1952年在美国丹佛城出现了采用模拟电子计算机的交通信号控制系统,该系统将单一交叉路口的交通感应控制概念应用于街道交通信号化网络,并用车辆检测器向控制中心输入交通流数据,用模拟电子计算机进行数据处理,然后再调整各交叉路口的交通信号程序。在随后的11年里,美国建立了100个这样的信号控制系统。1963年,加拿大多伦多市投入了由IBM650型计算机控制的交通信号协调控制系统,这标志着城市道路交通控制系统进入了一个新的阶段。其后,美国、英国、联邦德国、日本、澳大利亚等国家相继建成数字电子计算机区域交通控制系统,这种系统一般还配合交通监视系统组成交通管制中心。到20世纪80年代初,全世界建有交通管制中心的城市有300多个。

2. 我国交通信号控制器的发展

我国的交通信号控制发展是从几个城市使用单点定周期式交通信号控制器控制交通信号灯开始的。1973年,北京在前三门大街进行交通干道的协调控制系统的试验研究;1978年北京、上海、广州等城市开始了单点定周期交通信号控制器研发和使用;1985年推广应用自动交通信号控制机模式,即以固定配时方式实现交通信号自动控制。发展至今,我国大陆城市中拥有1000个以上灯控路口的城市有17座,分别是上海、重庆、天津、郑州、武汉、杭州、深圳、哈尔滨、合肥、广州、南京、北京、西安、无锡、成都、苏州、济南。

一线城市中,共有信号机32000多套,其中集中协调式信号机27000多套,集中协调式信号机占比为84.2%,还有5000多套单点信号机。

自20世纪80年代至今,国内研发和建立了适合我国混合交通流特性的控制系统,较有代表性的系统为HT-UTCS和Hicon系统。其中,HT-UTCS系统是由交通运输部、公安部与南京市合作自主研发的实时自适应系统,采用三级分布式控制(区域协调、线协调和单点控制)。Hicon系统是由青岛海信网络科技开发的自适应系统,采用三级控制模式,包括路口级、区域级和中心级控制,路口级负责实时数据采集、上传至上级、接收上级指令;区域级负责子区控制优化、数据采集、交通预测;中心级负责监控下级运行状态,提供人机交互平台。

由于诸多原因,我国主要城市的城市交通控制系统仍靠国外引进,国外交通信号机在我国交通信号控制市场的占有率为54%,国内交通信号机的市场占有率为46%。

二、城市交通信号配时基础

1. 交通信号与交通信号灯

交通信号包括交通信号灯、交通标志、交通标线和交通警察的指挥。交通信号灯则是指由红色、黄色、绿色的灯色按顺序排列组合而成的显示交通信号的装置。

城市道路平面交叉口是道路的集结点、交通流的疏散点,是实施交通信号控制的主要场所。各种平面交叉口类型如图 2-1-1 所示。

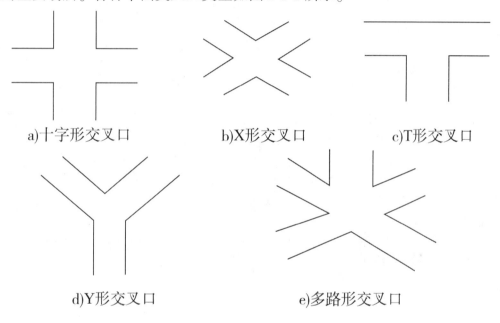

图 2-1-1 不同类型的平面交叉

1) 城市交通信号控制的目的

城市交通信号控制的主要任务是通过对交通流的调节、警告和引导来减少交通事故,改善交通流的质量,增加交通安全系数;缓和交通拥挤,更好地利用现有运输能力;提高公共效益,减轻交通负荷;降低污染程度,减少能源消耗,提高运营效率。

信号灯小知识

2) 交通信号灯的作用

非同向车流经过同一交叉口会形成会合点、冲突点和分离点(以下统称交错点)。交错点是事故经常发生的点,也是使交叉口通行能力降低的主要因素。通过设置交通信号灯,可以减少交叉口车流交错点,减少交通事故的发生,提升交叉口通行效率。

交叉口交错点基本情况见表 2-1-1、图 2-1-2。

交叉口交错点基本情况　　　　　表 2-1-1

道路情况		交错点类型				交错点总数
		分叉点	会合点	左转车流冲突点	直行车冲突点	
无信号控制时	3 条道路相交	3	3	3	0	9
	4 条道路相交	8	8	12	4	32
	5 条道路相交	15	15	45	5	80
有信号控制时	3 条道路相交	1/2	1/2	0/1	0	2/5
	4 条道路相交	4	4	2	0	10
	5 条道路相交	6	6	4	0	16

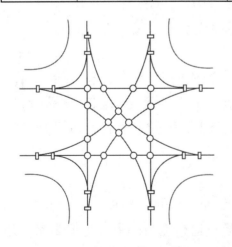
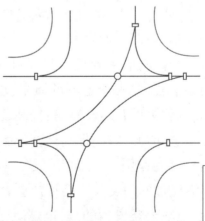

a) 无信号交叉口交错点情况　　b) 有信号交叉口交错点情况

图 2-1-2　交叉口交错点情况

2. 交通信号控制参数

要使处于交叉口的交通信号灯能更好地发挥作用,必须了解与之工作相关的各种影响因数,包括时间参数、交通流量等。

3. 交通信号控制方法

1)单路口的交通信号控制

单路口的交通信号控制是最基本的交通控制形式,也是线控和面控系统的基础,其目的是通过合理的信号配时,消除或减少各向交通流的交错点,同时使车辆和行人的总延误最小。单路口的交通信号控制主要分为定时控制、感应控制、实时自适应控制等,其中定时控制和感应控制是基本的交通控制方法。

交叉口交通信号控制机均按事先设定的配时方案运行,称为定时控制。定时控制方法是以历史数据(车流量、饱和流量)为基础的,这些数据是通过交通测量、车辆计数获得的。根据交通流的变化设置交通信号,也就是对每个时间段,给出能达到最好性能指标的最佳信号设定。定时控制方式的最大缺点是不能适应交通流的随机变化。

感应控制是在交叉口进口道上设置车辆检测器,信号灯配时方案由计算机或智能化信号控制机计算,可根据检测器检测到的车流信息而随时改变的一种控制方式。感应控制随检测器设置方式不同可以分为两种:一种是半感应控制,即在交叉口处将检测器安装在次干道上,根据次干道的交通需求进行信号控制;另一种是全感应控制,即在交叉口所有入口道上安装检测器,根据所有入口道的交通需求进行信号控制。

2)城市干线交通的信号协调控制

城市交通中,由于交通流量大,交叉口相距很近,两个相邻的交叉口之间的距离通常不足以使一小队车流完全疏散,这就使得各相邻交叉口往往相互关联、相互影响。因此,只关注某一个交叉口的交通控制是不能解决城市主干道的交通问题的。为减少车辆在各个交叉口上的停车时间,特别是使干道上的车辆能够畅通行驶,把一条干道上一批相邻的交通信号连接起来,加以协调控制,这样便出现了干道交叉口交通信号协调控制系统(以下简称线控系统或绿波系统)。协调信号计时的最初方法是基于绿波的概念:当一列车队在具有许多交叉口的一条主干道行驶时,协调控制使得车辆在通过干线交叉口时总是在绿灯开始时到达,因而无须停车便可通过多个交叉口。

城市干线交通信号协调控制可分为离线控制方式和在线控制方式。

(1)离线控制方式:主干线上设定一台主信号机和多台从信号机,由主信号机向各个从信号机发送同步信号,各个从信号机根据预先设定的相位差和绿信比分配红、绿灯起始时间和持续时间,从而实现绿波控制。

(2)在线控制方式:是由城市中心计算机对主干线各个交叉口的交通信号机进行协调控制,各个交叉口的交通信号机将检测到的交通流信息发送给中心计算机,后者根据采集到的干线上的交通流数据进行优化处理,然后向各交叉口的交通信号机发送红、绿灯起始信号,从而实现绿波控制。

线控(绿波)的手段就是调整相位差,相位差是相邻路口间建立协调关系的关键参数。在线控系统中,为了使各交叉口的交通信号能取得协调,各相关路口的交通信号周期长度必须统一。但实践证明,并不是所有情况都能形成有效的线控系统,影响控制效益的因素主要包括以下三点:

①车流的到达特性。车辆脉冲式到达,采用线控系统的效果会比较好;车辆均匀式到达,线控效果不理想。

②信号交叉口之间的距离。信号交叉口之间的距离越远,线控效果越差,一般不宜超过600m。

③对单向交通运行的干道高峰流量期,应优先考虑采用线控系统。

3)区域交通信号控制

区域交通信号控制又称为"在线网络控制",系统的控制对象是整个城市或某个区域中所有交叉口的交通信号。人们把其中所有的交通信号联结起来加以协调控制,以使区域内各个车辆在通过交叉口时所产生的总时间损失最小。

区域交通信号控制同样也有两种方式,一是离线优化在线控制方式,另一种是在线优化在线控制方式。

4.城市交通信号控制系统的发展

任何城市交通信号控制系统只有与当地、当时的实际交通状况结合起来,不断优化信号配时,并运用新技术,不断创新信号控制模式,才能发挥系统的控制效率,达到预定的控制目标。

1)配时参数优化,发挥控制效率

通过交通信号配时参数优化专业社会化服务。专业社会化服务企业在日常工作中落实交通信号灯台账系统、信号控制评估系统,并运用协调控制计算平台单点路口配时计算平台优化配时参数,优化过程既考虑了路网交通的均衡疏导,也精细挖潜和提升了路口/干线通行效率。

2)感知技术突破,提升控制效益

随着智能交通技术的发展和感知技术的突破,交通信号控制系统利用多种前沿技术,提取对控制范围内的车流量、车型、速度、道路占有率及排队长度等信息,按照路口交通流量和车辆运行轨迹,实时设置调整交通信号控制方案,达到系统控制效率最佳状态。

3)互联网+交通信号灯

在微观层面,路面终端感知数据,通过精准地描绘出路口排队、放行等通行状态特征,更好地实现与交通信号系统物联。在路网层面,移动互联出行的数据,准确描绘出车速/拥堵点段等运行状态规律,最终实现交通信号控制系统开放对接。

2016年,广州市与高德地图合作,借助"互联网"在车辆出行轨迹信息采集上具有的优势,试点"互联网+交通信号灯"交通信号控制优化平台。在海珠区的试点中,南华中路—宝岗大道存在严重的路口交通失衡现象,优化后南华中路高峰期间拥堵下降11.83%~25.75%。从试点效果来看,"互联网+交通信号灯"可实时反映道路交通宏观和中观层面的态势,通过优化信号配时、均衡路网交通流分布,提升了路网通行能力。为此,广州市还将把市区的1200多个交通信号控制路口纳入该平台。

三、电子警察

"电子警察"系统是运用先进的电子、计算机、图像处理、网络通信和数据库等技术手段来监测交通路口的机动车及其驾驶人,并记录违法行为的电子设备,可以对超速、逆行、闯红灯、违章停车、压黄线、抢占公交车道等一系列违法现象进行准确、稳定、自动、全天候的监控、执法和处罚,其核心是自动监测和记录机动车及其驾驶人的违法行为过程,并能为交通管理部门提供有效的执法证据,是应用非常广泛的违法监测记录系统。随着城市道路监控技术和ITS的发展和融合,电子警察已经成为缓解交通紧张、降低交通事故和隐患、体现"科技强警"的一项重要举措。电子警察系统运行原理如图2-1-3所示。

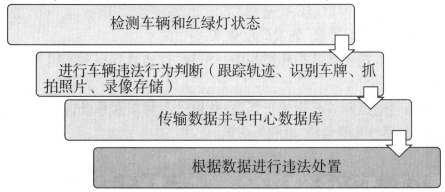

图2-1-3　电子警察系统运行原理

1. 闯红灯抓拍系统

闯红灯抓拍系统一般设置在路口后方,用于抓拍闯红灯时的车辆尾部(包括车牌、车型、车辆颜色)。它的触发原理为当前车道信号灯显示为红灯时,在车辆通过停车线前后两个线圈后开始抓拍。此外,也可以采用视频检测触发方式,视频检测是在摄像机画面上停车线位置画出两条检测区域,当有车辆通过同时该车道信号灯显示为红灯时抓拍,如图2-1-4所示。

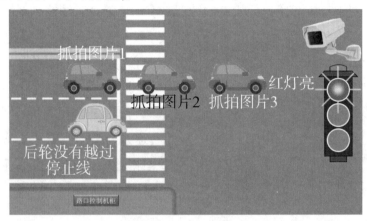

图2-1-4 闯红灯违法过程抓拍示意图

对于闯红灯违法过程抓拍,在《闯红灯自动记录系统通用技术条件》(GA/T 496—2014)中有明确的规定,闯红灯自动记录系统应能至少记录以下三张反映闯红灯行为过程的图片:

(1)图片1是能反映机动车未到达停止线的图片,并能清晰辨别车辆类型、交通信号灯红灯、停止线。

(2)图片2是能反映机动车已越过停止线的图片,并能清晰辨别车辆类型、号牌、号码、交通信号灯红灯、停止线。

(3)图片3是能反映机动车与图片2中机动车向前位移的图片,并能清晰辨别车辆类型、交通信号灯红灯、停止线。

新一代高清"电子警察"的发展趋势是:

(1)实现全天候视频监控和抓拍图片监控,自动适应不同光照条件,提供清晰的车辆记录图片。

(2)对每辆通过路口车辆进行抓拍,并通过车牌识别系统进行识别,记录所有通过路口车辆的车牌号码、时间等信息。

(3)车辆查询和车辆统计,可基于时间、空间不同维度进行流量分析。

(4)系统通过数据挖掘技术,对视频内车流智能分析判断是否有逆向行驶、压线、跨线、不按标线行驶等违法行为,自动抓取三张违法图片,以记录违法的整个过程。

2. 车辆检测技术

电子警察检测方式主要有两种,一种是使用环形线圈检测方式,另一种是基于图像分析的视频检测方式。

环形线圈检测方式检测精度高、可靠性高,而且价格低,设计良好的检测方案检测精度可以到达99%,但需要路面施工。目前环形线圈检测方式仍然是主流方式。

随着人工智能与电子技术的发展,以及功能强大的数字处理芯片的出现,车辆视频检测技术取得突破。与环形线圈检测方式相比,其所具有的优越性和高性价比已渐渐得到认可,代表了未来车辆检测领域的发展和应用方向。

视频车辆检测器的主要优势有:

(1)采用全景摄像机作为视频传感器,无须切割破坏路面,并可以根据需要任意放置。

(2)视频虚拟线圈(感应边界)的位置摆放可以根据路况任意调整,其线圈功能属性也可以根据需要进行设置。

(3)视频检测器的使用寿命要超过10年。

(4)采用了数字信号处理技术(Digital Signal Processing,DSP)和先进算法,能够精确、可靠地检测数据,实现全天候的检测控制。

3. 车牌识别技术

车牌识别技术作为交通监控的核心技术,应用在多项子系统中,如闯红灯监测系统、超速监测系统、逆行监测系统、禁行监测系统、公交车道监测系统、非机动车道行车监测系统、压双黄线监测系统、紧急停车带行车监测系统、移动式车辆稽查系统等。系统采用视频实时触发方式进行检测抓拍,能够自动侦测、准确识别及验证行驶或停泊中车辆的整车车牌号码。系统可对已抓拍图像与数据库资料及时进行比对,当发现应拦截车辆时,系统能在本地机和中心机上及时报警。系统采用先进的模糊图像处理技术,通过程序能很好地实现对于车牌的整体倾斜、车牌的文字倾斜、车牌的污损和模糊等的处理,将人眼都很难辨别的车牌号识别出来。车牌识别的流程可分为车牌定位、车牌预处理、字符分割和字符识别四个步骤。

4. 电子警察中各类技术对比

电子警察中各类技术如图2-1-5所示。

电子警察中的各类技术对比

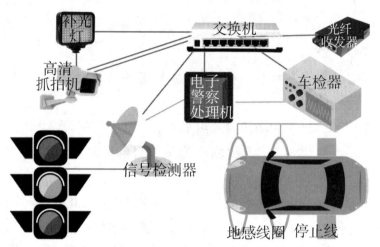

图 2-1-5　电子警察中的各类技术

四、智能交通信号控制系统的发展趋势

在城市现代化建设水平不断提升的今天,智能交通逐步成为城市道路建设以及交通发展的一个重要趋势。交通信号设施作为道路交通中不可或缺的组成部分,是调节城市道路车流量、保证道路行车安全的重要保障,也是现代城市发展智能交通中需要重点考虑和设计的一个环节。

1. 智能交通信号控制系统概述

1)含义与特征

智能交通信号控制系统,实际上是在传统的道路交通信号控制方式上引入和应用新一代信息技术,对道路交通枢纽位置处的交通流量进行实时采集、统计和分析,并借助分析结果进行科学、高效的红绿灯配时方案制订并执行,以此来提升城市道路交通网行车的效率。

智能交通控制系统主要有以下特征:

(1)良好的兼容性。智能交通控制系统需要同时连接同标准的各种交通信号控制器。

(2)全天候实用性。系统中所用的各种设备、技术以及软件等需要满足城市道路交通信号的实际调控要求,便于操作以及后期维护,且不会受到城市交通环境、气候、天气变化的影响。

(3)开放性。系统除了满足当前城市道路交通需求外,还要从长远角度,确保系统可以进行功能拓展。

(4)先进性。系统设计中要尽量采用最新的决策系统以及其他先进的信息技术,确保提升系统的运行效率。

(5)可靠性。系统需要具有自动检测、报警与恢复功能,确保可以长久保持良好的运行状态,避免会因异常问题而造成道路交通拥堵问题的发生。

2)常用的技术

(1)模糊控制技术。该技术主要是模拟人类思维、判断与推理过程的一种控制技术,不涉及数学模型构建,只需要按照人的思考方式进行计算机处理即可。模糊控制技术在智能交通信号控制系统中的应用,实际上就是模拟那些交通警察指挥交通的思路来对交通信号进行控制。其中最具代表性的就是专家系统,它有效结合了计算机技术和人工智能技术等先进的科学技术,先将城市交通指挥经验与知识等存入计算机中,然后模拟人的判断和推理来作出决策。

(2)神经网络控制技术。该技术主要是基于人脑所积累的知识与经验来控制系统的一种技术,尤其适用于非线性或不确定等繁杂系统。同理,在智能交通建设过程中,神经网络控制技术也主要适用于那些很难建立准确数学模型的城市交通系统。

2. 智能交通信号控制系统的构成

智能交通信号控制系统主要由信号控制器(信号机)、信号灯、通信设备、交通流检测设备、控制系统以及相关软件等构成。其中,信号机是系统的核心设备,主要包括中央控制器、网络通信、人机接口和故障检测等组成部分。

从控制结构上划分,智能交通信号控制系统主要可以划分为三级:

(1)中心控制器,主要负责对整个系统的运行情况进行监控,如区域控制级运行情况进行协调,且具备其他各控制级的全部功能。

(2)区域控制级,主要负责对城市道路口交通信号进行协调控制,如城市道路口信号机故障情况进行监控,并向区域计算机反馈相应的故障信息等。

(3)路口控制级,主要负责对城市道路口交通信号灯进行控制。

3. 优化交通信号控制系统的策略及措施

在看到我国交通信号控制系统研发应用取得长足进步的同时,也应当清醒地认识到,现阶段无论基于哪种先进技术的智能信号控制系统,在面对我国复杂的道路交通情况时,尤其是非机动车、行人占比较高的城市,高峰期交通流条件下的应用仍然存在很多问题。依据城市的实际交通路况进行有针对性的研发,同时融入新一代技术,将是交通信号控制系统未来很长一段时间的优化发展策略。

1)推动智能化发展

随着人工智能技术的飞速发展,智能化在城市交通控制系统的运用受到了广泛的关注。对于城市交通控制方式多样化需求,包括定时控制、感应控制以及自适应控制等,为了提高交通信号控制的效率,应根据交通变化选择最科学、最合理的控制策略,运用人工智能技术,通过遗传算法、强化学习等技术推动交通信号控制系统实现智能化发展,提高交通信号控制的运行效率。

2)促进集成化管理

随着我国车辆检测技术以及通信技术水平的提高,城市交通控制系统逐渐向集成化方向靠拢,同时为了满足现代化城市交通变化的多种需求,城市交通信号控制的集成化也是无法避免的。促进集成化管理包括控制方法的集成和信号控制设备的集成。

3)形成多模式化控制

区别于传统的交通信号控制系统,新一代交通信号控制系统形成多模式的控制方式是十分必要的。在此条件下,系统可充分发挥分散系统、中心系统以及多层分布系统的特点,进行全面的、综合的控制,使系统结构更加灵活、多样以及具有较强适应性的控制优势,从而进一步提高系统的可靠性和稳定性。

4)建立标准化体系

传统的交通信号控制没有统一的标准体系。城市在进行系统建设和更迭时,会面临复杂的系统硬件设备不兼容、协议混乱等问题。针对这样的问题,美国在系统硬件设备方面制定了 ATC 标准体系,应用 NTCIP 的标准体系来规范系统与系统间的信息交流。我国的城市可根据实际情况进行效仿,推动交通信号控制的标准化发展。

5)技术革新对交通信号控制的推动作用

随着科技的发展,卫星定位技术以及车联网技术逐渐被广泛运用到城市交通信号控制系统的各个方面,不仅能够通过检测车辆车牌和电子标签来获取车辆的完整信息,而且能够为交通信号控制加强数据基础,使传统的"单项数据输入→模型制造→信号输出转变"的模式改变为现在的"反馈数据输入→模型制造→信号输出改变→效果检测→模型反馈"的模式,其系统更加完善、更加科学,从而达到对交通管理系统实时监控的目的。

6)控制方式发生改变

近年来,主动式控制方式受到了城市交通控制中心的重视。主动式交通信号控制具有主动调节路口交通流的作用,能够按照交通管理者的意愿进行规划,这样能够大大降低交通事故出现的概率,实现交通信号的主动控制。其主动的交通控制思想在大数据、车联网等方面都已显现,但其落实和运用还依赖于预测技术、检测技术的进一步发展。

7)交通仿真集成的运用

在交通信号控制的优化和评价方面,我国正在从目前运用较广泛的仿真软件逐渐向新兴的半实物仿真的集成技术靠拢,已实现通过信号控制机在仿真的交通状态下进行控制系统的模拟测试。通过半实物仿真技术可以实现交通系统的模拟测试,从而验证信号控制软件是否完备合理,不足之处可以继续修改和完善。此外,半实物仿真技术也拥有模型预测控制、智能理论控制等人工智能技术特点,通过线后的数据反馈评估,达到使交通控制模型拥有在线自学能力的目的。

模拟实验一　交通信号灯的搭建

在现实生活中,交通信号灯随处可见,我们能否自己设计一款交通信号灯呢?让我们在本次实验课中,借助 Arduino 平台,搭建模拟交通信号灯,以此初步了解关于交通信号灯的工作方式和逻辑。

一、学习目标

(1)了解交通信号灯的工作方式。
(2)能正确搭建交通信号灯的模拟场景。
(3)增强安全出行的意识。

二、学习任务

模拟搭建交通信号灯,初步实现交通信号灯的配时。

三、相关知识

1. 交通信号灯

交通安全不容忽视,同学们要遵守交通规则,保证自身安全,珍惜生命。现在让我们来完成属于自己的交通信号灯吧。

2. 实验设备清单

本实验所需设备见表 2-1-2。

实　验　所　需　设　备　　　　　表 2-1-2

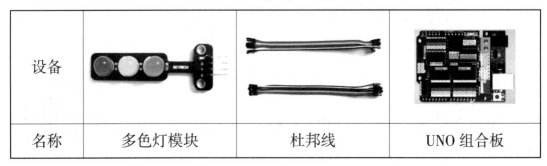

设备			
名称	多色灯模块	杜邦线	UNO 组合板

四、实验步骤

1. 任务说明

交通信号灯模块按以下顺序要求运行：

(1) 绿灯亮 3s 后熄灭。

(2) 黄灯闪烁 5 次后熄灭，闪烁间隔为 500ms。

(3) 红灯亮 4s 后熄灭，以此循环。

2. 搭建交通信号灯仿真

在 linkboy 软件中，找到图 2-1-6 中的设备或模块，进行仿真搭建。

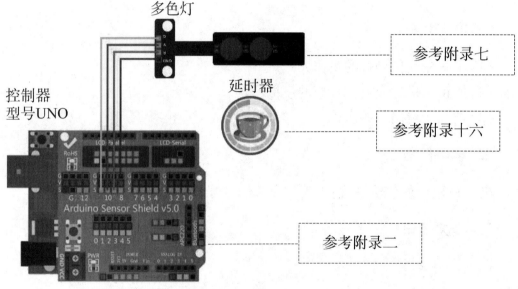

图 2-1-6　交通信号灯仿真搭建图

3. 操作内容

(1) 请根据交通信号灯模块的仿真接线，填写图 2-1-7 中空白处的内容。

GND(-)：接_____
R(红灯)：接信号端_____
Y(黄灯)：接信号端_____
G(绿灯)：接信号端_____

图 2-1-7　仿真接线

(2) 编程思路。

根据任务说明完善流程图(图 2-1-8)，并在 linkboy 软件中编写程序。参考程序可扫描二维码查看。

参考程序

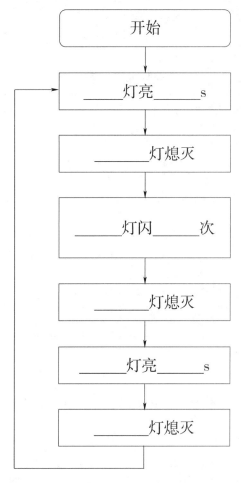

图 2-1-8　流程图

参考附录：

①多色灯说明——附录七。

②延时器说明——附录十六。

③反复执行语句(for 语句)——附录十七。

(3)完成实验。

完成仿真接线和程序编写后,进行仿真测试,并按照仿真搭建图,进行实物搭建。仿真与实物效果请扫描二维码查看。

仿真效果——交通信号灯　　　实物效果——交通信号灯

(4)任务小结。

结合实验,能让你更好地理解交通信号灯配时的理论知识吗?

4. 评价表

本实验的评价表见表 2-1-3。

评 价 表　　　　　　　　　表 2-1-3

评 价 要 点		自评	互评	教师评
仿真效果 (50 分)	仿真效果是否与任务要求一致(30 分)			
	场景布局效果是否整洁(10 分)			
	程序编写是否合理(10 分)			
实物搭建 (40 分)	真实效果是否与任务要求一致(30 分)			
	接线工艺(10 分)			
5S 管理(10 分)	工位是否整洁干净(10 分)			
总分				

五、课后思考

(1) 上网搜寻资料，了解现实中的交通信号灯运用了哪些相关技术？

_____

_____

(2) 思考一下，如果是加上人行道信号灯，应该怎么搭建模型呢？

_____

_____

模拟实验二　传感器与交通信号控制

生活中，在行人较少的路段，如果还是按照正常的交通信号控制方案控制交通信号灯运行，会出现无行人时，车辆还需要等红灯的情况，这无疑降低了出行效率。现在很多地区已经实行按钮式(请求式)行人过街交通信号灯，行人可实现"自定义"交通信号灯过马路。当行人有过街需求时，只需轻点按钮即可转换信号灯，等待一会儿便可安全通过马路。在本次实验课中，借助 Arduino 平台，仿真搭建此过街场景，初步实现请求式行人过街信号灯的效果。

一、学习目标

(1) 了解请求式行人过街信号灯。

(2)能仿真搭建请求式行人过街信号灯并进行测试。

(3)感受科技改变生活的魅力。

二、学习任务

模拟搭建请求式行人过街信号灯,提高行人与车辆的通行效率。

三、相关知识

1. 请求式行人过街信号灯

请求式行人过街信号灯是指在没有行人过街请求的情况时,机动车信号灯为常绿灯,行人信号灯为常红灯。当有行人站在斑马线前时,系统会发出"请按钮等待"的语音提示,主动引导行人按下过街按钮并开始倒计时。在倒计时结束后,系统则发出"绿灯请通行"的提示,行人信号灯由红灯转换为绿灯,机动车信号灯由绿灯转换为红灯,保证行人安全通过马路。

2. 实验设备清单

本实验所需设备见表 2-1-4。

实验所需设备　　　　　　表 2-1-4

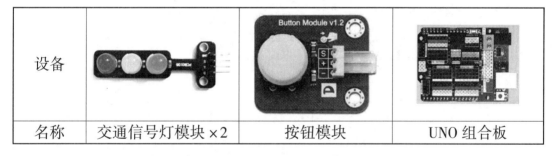

设备			
名称	交通信号灯模块×2	按钮模块	UNO 组合板

四、实验步骤

1. 任务说明

请求式行人过街信号灯按以下顺序运行:

(1)在没有行人过街请求时,机动车道信号灯为常绿灯,人行道信号灯为常红灯。

(2)当有人按下路口按钮时,机动车道黄色信号灯闪烁 3 次后变为红灯。

(3)人行道信号灯由红灯转为绿灯 5s,回到第(1)步。

2. 搭建行人请求式过街信号灯仿真

在 linkboy 软件中,找到图 2-1-9 中的设备或模块,进行仿真搭建。

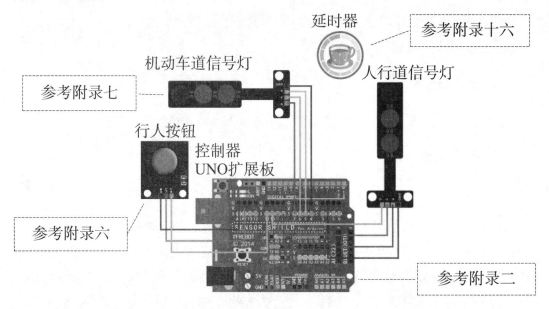

图 2-1-9　请求式行人过街信号灯仿真搭建图

3. 操作内容

（1）请根据交通灯模块的仿真接线，填写图 2-1-10～图 2-1-12 中空白处的内容。

（机动车道信号灯）

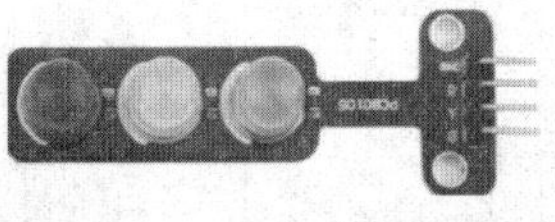

GND(-)：接_____
R(红灯)：接信号端_____
Y(黄灯)：接信号端_____
G(绿灯)：接信号端_____

图 2-1-10　仿真接线（1）

（人行道信号灯）

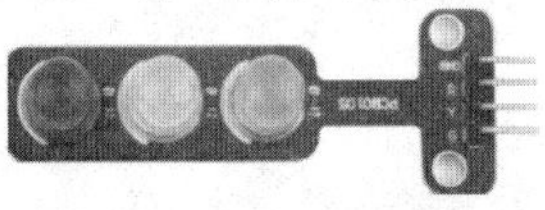

GND(-)：接_____
R(红灯)：接信号端_____
G(绿灯)：接信号端_____

图 2-1-11　仿真接线（2）

OUT：接_____
VCC：接_____
GND：接_____

图 2-1-12　仿真接线（3）

（2）编程思路。

根据任务说明完善流程图（图 2-1-13），并在 linkboy 软件中编写程序，参考程序可扫描二维码查看。

参考程序

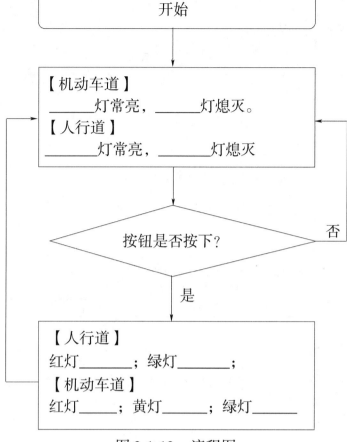

图 2-1-13 流程图

参考附录：

①多色灯说明——附录七。

②延时器说明——附录十六。

③反复执行语句(for 语句)——附录十七。

④如果语句(if 语句)——附录十八。

(3)完成实验。

完成仿真接线和程序编写后,进行仿真测试,并按照仿真搭建图,进行实物搭建。仿真与实物效果请扫描二维码查看。

仿真效果(1)　　仿真效果(2)　　实物效果

(4)任务小结。

想想看,你还见过哪些交通信号灯,你能把它们做出来吗？

4. 评价表

本实验的评价表见表 2-1-5。

评 价 表　　　　　　表 2-1-5

评 价 要 点		自评	互评	教师评
仿真效果 (50 分)	仿真效果是否与任务要求一致(30 分)			
	场景布局效果是否整洁(10 分)			
	程序编写是否合理(10 分)			
实物搭建 (40 分)	真实效果是否与任务要求一致(30 分)			
	接线工艺(10 分)			
5S 管理(10 分)	工位是否整洁干净(10 分)			
总分				

五、课后思考

我们身边有没有请求式行人过街信号灯,请在网上搜寻有关请求式行人过街信号灯的资料。

模拟实验三　闯红灯警报系统的搭建

闯红灯是一种非常危险的行为。我们除了要在主观意识上养成遵守交通规则的习惯外,是否能改善一下人行横道环境,增加一个闯红灯的提醒功能呢?本次实验就让我们来完成一个人行横道的闯红灯警报效果。

一、学习目标

(1)了解闯红灯警报的设计思路。
(2)能正确仿真搭建闯红灯警报系统。
(3)养成遵守交通规则的好习惯。

二、学习任务

仿真搭建闯红灯警报系统,提高安全出行意识。

三、相关知识

1. 闯红灯警报系统

国内有些城市已经有了这种新型智能交通安全语音提示系统,该系统能够自动识别闯红灯的行人,并随机发出语音警报提示,而当红灯变为绿灯后,该系统又会随机播报"现在是绿灯,请快速通过"等提示。该系统设置了一条灯带,灯带会随着交通信号灯的变化而同步变化,当红灯亮时,会投射红色灯带,从视觉上加强提醒路人。当有行人从等候区跨过灯带时,感应装置就会通过红外线自动识别,如果此时是红灯,系统会连续发出闯红灯的语音提示。闯红灯警报系统如图 2-1-14 所示。

图 2-1-14　闯红灯警报系统

本实验仿真搭建此警报系统,实现路人的闯红灯警报效果,提高同学们的安全意识。

2. 实验设备清单

本实验所需设备见表 2-1-6。

实 验 所 需 设 备　　　　　表 2-1-6

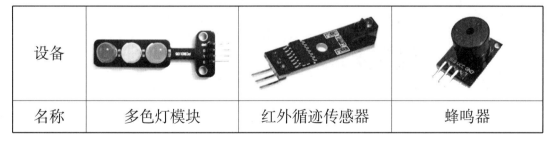

设备			
名称	多色灯模块	红外循迹传感器	蜂鸣器

四、实验步骤

1. 任务说明

(1)人行道信号灯正常运行,先亮绿灯 3s 后熄灭,再亮红灯 3s 后熄灭,如此循环。

（2）红外循迹传感器用来检测是否有行人越过安全区。

（3）信号灯是红灯状态时,当红外循迹传感器检测到有物体时,蜂鸣器会发出警报。

（4）信号灯是绿灯状态时,即使红外循迹传感器检测到有物体,蜂鸣器也不会发出警报。

2. 搭建闯红灯警报系统

在 linkboy 软件中,找到图 2-1-15 中的设备或模块,进行仿真搭建。

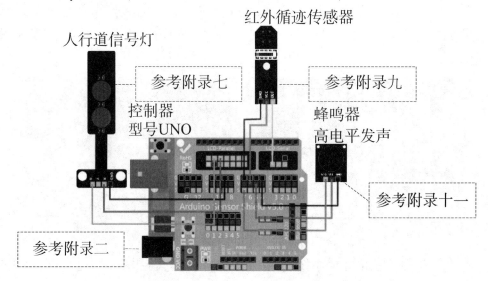

图 2-1-15　闯红灯警报系统搭建图

3. 操作内容

（1）请根据闯红灯警报系统的仿真接线,填写图 2-1-16～图 2-1-18 中空白处的内容。

图 2-1-16　仿真接线（1）

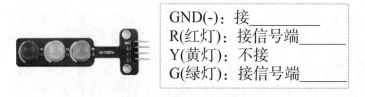

图 2-1-17　仿真接线（2）

S端口：接_____
VCC：接_____
OUT：接_____

图 2-1-18　仿真接线(3)

(2)编程思路。

根据任务说明完善流程图(图 2-1-19)，并在 linkboy 软件中编写程序，参考程序可扫描二维码查看。

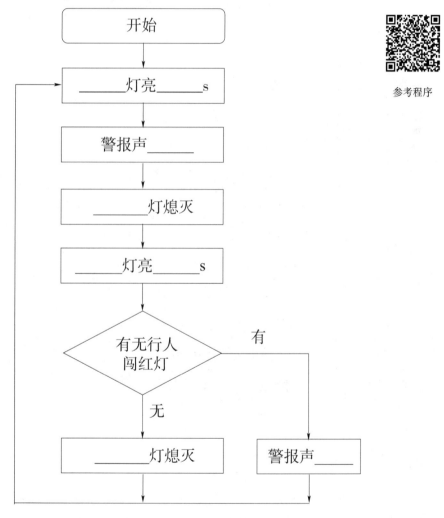

参考程序

图 2-1-19　流程图

提示：

第一步：先让交通信号灯正常运行。

第二步：需要定义一个变量，用来判断是绿灯亮还是红灯亮。可以结合本场景知识模块的理论知识一同思考。

第三步：当红外循迹传感器检测到障碍物时，蜂鸣器发生响声；没有检测到障碍物时，蜂鸣器无声响。

(3) 完成实验。

完成仿真接线和程序编写后，进行仿真测试，并按照仿真搭建图，进行实物搭建。仿真与实物效果请扫描二维码查看。

仿真效果

实物效果

(4) 任务小结。

发挥想象力，你的交通信号灯还可以变得更"聪明"吗？

4. 评价表

本实验的评价表见表2-1-7。

评价表　　　　　　　　　　　　　　　　　　　　表2-1-7

评价要点		自评	互评	教师评
仿真效果 (50分)	仿真效果是否与任务要求一致(30分)			
	场景布局效果是否整洁(10分)			
	程序编写是否合理(10分)			
实物搭建 (40分)	真实效果是否与任务要求一致(30分)			
	接线工艺(10分)			
5S管理(10分)	工位是否整洁干净(10分)			
总分				

五、课后思考

(1) 参考程序是不够完善的。例如在绿灯时，红外循迹传感器就感应到物体，当变成红灯后，蜂鸣器是不会发出警报声的。又如另一种情况，红外循迹传感器在红灯时发出了警报声，但物体固定不动，当变成绿灯后，警报声还会存在。请同学们发挥想象，完善一下程序。

(2)尝试一下用自定义指令的方法来编写程序。

场景二　卫星导航

随着与5G、AI(Artificial Intelligent,人工智能)等新兴技术的融合,地图导航朝着精细化、智能化的方向快速发展。各类地图应用都不约而同地全面升级车道级导航,聚焦定位精度、响应速度、导航界面等方面,迭代秒级纠偏和精细化引导提示功能,为用户提供更加精准、高效的出行服务。百度地图于2020年4月率先在华为P40上研发完成全球领先的手机车道级导航功能,实现手机地图导航从传统道路级指引到车道级指引的精度突破。在AI与大数据技术的加持下,地图导航应用现已构建覆盖我国多地高速公路和城市快速路的超高清路网,并对复杂路口进行专门优化,使定位精度达到车道级导航定位的要求,不仅能直观展现复杂路口,还能在用户偏航时秒级响应,最大限度保障导航的准确性、及时性、安全性。车道级导航如图2-2-1所示。

 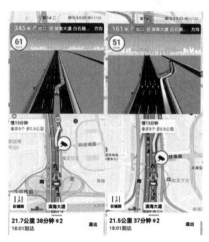

图2-2-1　车道级导航

与传统导航仅提示用户如何转向不同,现有的地图导航车道级指引从语音播报、路口放大图两方面入手,能在用户面临同一方向多个距离相近路口或分叉口时,给予清晰准确的变道提示。升级版车道级导航采用"一图到底"的界面形式,在距离路口1km时便会自动触发路口放大图,并进行语音导航播报,显著降低用户理解难度,贴心细致地引导用户提前驶入最佳车道,避免错过路口的尴尬。

而针对用户最易走错的匝道、主辅路等道路场景,车道级导航进行了偏航响应速度的优化提升,使其在高速公路出口的纠偏响应速度相比于传统手机导航提高近10倍。当用户发生偏航时,车道级导航将第一时间响应,及时提醒用户变道,降低因错过路口而绕路、掉头的风险。与此同时,地图导航应用还推出基于车道方向的实时路况功能,将基于更细粒度的实时路况展示前方路段出现的拥堵、事故、违法等信息,为用户出行决策提供有效支持。

场景解读

要实现对车辆的导航场景,车辆定位是首先要实现的功能。车辆定位最常用的方式是通过GPS(Global Positioning System,全球定位系统)或移动通信网中的定位业务来实现。GPS可以提供全球覆盖、全天候、高精度标准授时/导航定位服务,实时地获得车辆(手机)的经纬度位置和时间等关键信息。也正因为此,GPS成为当前车辆(手机)定位的首选方案。定位系统将GPS获得的经纬度信息与电子导航地图进行地图匹配,以确定车辆(手机)在城市交通道路中的具体位置。在此系统中,需要电子导航地图来描述城市道路交通信息,而电子导航地图即属于GIS(Geographic Information System,地理信息系统)的一种应用。对于任何车辆(手机)的定位和导航系统,只要涉及与地图有关的功能,地理信息系统数据库是必不可少的。

知识模块 卫星导航技术

知识点

(1)卫星定位技术基本原理。
(2)北斗卫星导航系统的组成与特点。
(3)GIS与电子地图的关系。

一、卫星定位技术

1.卫星定位技术概述

GNSS全称是全球导航卫星系统(Global Navigation Satellite System),它泛指所有的卫星导航系统,包括全球的、区域的和增强的卫星导航系统,如美国的

GPS、俄罗斯的 Glonass、欧洲的 Galileo、我国的北斗卫星导航系统,以及相关的增强系统,如美国的 WAAS(广域增强系统)、欧洲的 EGNOS(欧洲静地导航重叠系统)和日本的 MSAS(多功能运输卫星增强系统)等,此外还涵盖在建和以后要建设的其他卫星导航系统。

(1)美国 GPS 在 1994 年全球组网完成。

(2)俄罗斯 Glonass 系统于 1996 年全球组网完成。2019 年 8 月 30 日,中华人民共和国政府和俄罗斯联邦政府关于和平使用北斗和格洛纳斯全球卫星导航系统的合作协定生效。

(3)欧盟伽利略系统在 2018 年完成全球组网。

(4)我国北斗三号卫星导航系统全球组网已在 2020 年完成。

(5)日本准天顶系统在 2017 年发射完成 4 颗卫星。准天顶系统是 GPS 的补充增强系统,不能独立使用,要依托 GPS。计划到 2023 年达到 7 颗卫星,可以脱离 GPS 独立工作,实现区域定位。

(6)印度区域导航系统 2016 年发射完成 7 颗卫星。

2.卫星定位系统的组成

要实现卫星定位功能,仅依靠在太空中的工作的数十颗定位卫星是不够的,还得有一整套完整的全球定位系统,包括至少三个部分——空间部分、地面台站、用户设备部分。

空间部分:由多颗具有定位功能的卫星构成空间卫星网。

地面台站:跟踪、测量和预报卫星轨道并对卫星上设备工作进行控制管理,通常包括跟踪站、遥测站、计算中心、注入站及时间统一系统等部分。跟踪站用于跟踪和测量卫星的位置坐标;遥测站接收卫星发来的遥测数据,以供地面监视和分析卫星上设备的工作情况;计算中心根据这些信息计算卫星的轨道,预报下一段时间内的轨道参数,确定需要传输给卫星的定位信息,并由注入站向卫星发送。

用户设备通常由接收机、定时器、数据预处理器、计算芯片和显示器等组成。它接收卫星发来的微弱信号,从中解调并译出卫星轨道参数和定时信息等,同时测出定位参数(距离、距离差和距离变化率等),再由计算芯片算出用户的位置坐标(二维坐标或三维坐标)和速度矢量分量。

3.卫星定位的基本原理

在太空中,导航卫星发射测距信号和导航信息,导航信息中含有卫星的位置信息。用户接收机只要同时接收 3 颗以上卫星信号,就能测量出用户接收机到 3

颗卫星的距离,通过星历解算出的卫星的空间坐标,利用距离交会法解算出用户接收机的位置。现有的四大全球卫星导航系统的定位原理是相同的,均是采用这种三球交会的几何原理实现定位。

北斗卫星定位原理示意图如图2-2-2所示。

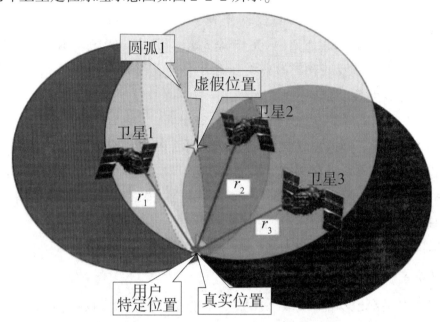

图2-2-2　北斗卫星定位原理示意图

以北斗卫星导航系统(BeiDou Navigation Satellite System,BDS)为例,35颗卫星在离地面2万多km的高空上,以固定的周期环绕地球运行,使得在任意时刻,在地面上的任意一点都可以同时观测到4颗以上的卫星。由于卫星的位置精确可知,在接收机对卫星观测中,可得到卫星到接收机的距离,根据三维坐标中的距离公式,利用3颗卫星,就可以组成3个方程式,解出观测点的位置(X,Y,Z)。考虑到卫星的时钟与接收机时钟之间的误差实际上有4个未知数,(X、Y、Z和钟差),因而需要引入第4颗卫星,形成4个方程式进行求解,从而得到观测点的经纬度和高程。事实上,接收机往往可以锁住4颗以上的卫星,这时,接收机可按卫星的星座分布分成若干组,每组4颗,然后通过算法挑选出误差最小的一组用于定位,从而提高精度。

卫星定位实施的是"到达时间差"(时延)的概念:利用每一颗卫星的精确位置和连续发送的卫星上原子钟生成的导航信息获得从卫星至接收机的到达时间差。卫星在空中连续发送带有时间和位置信息的无线电信号,供接收机接收。由于传输的距离因素,接收机接收到信号的时刻要比卫星发送信号的时刻有所延迟,该时间通常称之为时延,因此,也可以通过时延来确定距离。卫星和接收机同时产生同样的伪随机码,一旦两个码实现时间同步,接收机便能测定时延;将时延与光速相乘,便能得到距离。每颗卫星上的计算机和导航信息发生器可以非常精确地了解其轨道位置和系统时间,而全球监测站网保持连续跟踪。

以 GPS 为例,由于卫星运行轨道、卫星时钟存在误差,大气对流层、电离层对信号的影响,以及人为的 SA(Selective Availability)保护政策(2000 年 5 月 1 日取消),使得民用的 GPS 卫星定位精度只有 100m。为提高定位精度,普遍采用差分 GPS(Differential Global Position System,DGPS)技术,建立基准站(差分台)进行 GPS 观测,利用已知的基准站精确坐标,与观测值进行比较,从而得出一修正数,并对外发布。接收机收到该修正数后,与自身的观测值进行比较,消去大部分误差,得到一个比较准确的位置。实验表明,利用差分 GPS 技术,理想状态下的定位精度理论值可以提高到 5m 级别。

二、北斗卫星导航系统

北斗卫星导航系统(以下简称北斗系统)是我国着眼于国家安全和经济社会发展需要,自主建设运行的全球卫星导航系统,是可为全球用户提供全天候、全天时、高精度的定位、导航和授时服务的国家重要时空基础设施。

1. 北斗卫星导航系统的发展历程

我国北斗卫星导航系统实施"三步走"战略。

第一步:北斗一号,解决有无。

1994 年,我国启动北斗一号系统建设,到 2000 年发射 2 颗地球静止轨道(GEO)卫星,建成系统并投入使用,采用有源定位体制,为我国地区用户提供定位、授时、广域差分和短报文通信服务;2003 年,发射第 3 颗地球静止轨道卫星,进一步增强系统性能。

北斗一号的研制成功,标志着我国卫星导航系统实现从无到有,使我国成为继美国、俄罗斯之后第三个独立拥有卫星导航系统的国家,该系统同时独创了双向短报文通信功能。

第二步:北斗二号,区域无源。

2004 年,我国启动北斗二号系统建设;2012 年,完成 14 颗卫星,即 5 颗地球静止轨道卫星、5 颗倾斜地球轨道卫星(IGSO)和 4 颗中圆地球轨道卫星(MEO)的发射组网。北斗二号在兼容北斗一号技术体制基础上,增加无源定位体制,可为亚太地区提供定位、测速、授时和短报文通信服务。

北斗二号创新性构建了"5GEO+5IGSO+4MEO"的中高轨混合星座架构,为全世界卫星导航系统发展提出了新的中国方案。

第三步：北斗三号，全球服务。

2009年，我国启动北斗三号系统建设；2020年，全面建成北斗三号系统。北斗三号系统是由3GEO+3IGSO+24MEO构成的混合导航星座，系统继承有源服务和无源服务两种技术体制，为全球用户提供基本导航（定位、测速、授时）、全球短报文通信和国际搜救服务，同时可为我国及周边地区用户提供区域短报文通信、星基增强和精密单点定位等服务。

2. 北斗卫星导航系统的基本组成

如图2-2-3所示，北斗卫星导航系统由空间段、地面段和用户段三部分组成。

空间段：北斗三号系统空间段由3颗GEO卫星、3颗IGSO卫星和24颗MEO卫星等组成。

地面段：北斗三号系统地面段包括主控站、时间同步/注入站和监测站等若干地面站，以及星间链路运行管理设施。

用户段：北斗系统用户段包括北斗及兼容其他卫星导航系统的芯片、模块、天线等基础产品，以及终端设备、应用系统与应用服务等。

3. 北斗卫星导航系统独创的"三种轨道"混合星座

北斗系统是由GEO卫星、IGSO卫星和MEO卫星三种轨道卫星组成的混合导航星座。

北斗系统星座中的每一颗"星"都独具特色，都有自己的功用。如图2-2-4所示，北斗三号全球星座由地球静止轨道（GEO）、倾斜地球同步轨道（IGSO）、中圆地球轨道（MEO）三种轨道卫星组成，被称为"北斗三兄弟"。每颗卫星根据各自运行轨道特点和承载功能，既各司其职，又优势互补，共同为全球用户提供高质量的定位导航授时服务。

图2-2-3　北斗卫星导航系统构成

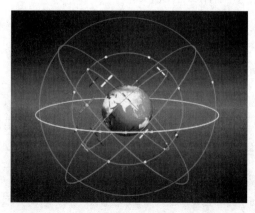

图2-2-4　北斗三号系统导航星座示意图

1) GEO 卫星"站得高",覆盖广

"吉星"——GEO 卫星,位于距地球约 3.6 万 km、与赤道平行且倾角为 0°的轨道上。GEO 卫星定点于赤道上空,理论上星下点轨迹(即卫星运行轨迹在地球上的投影)是一个点,因其运动周期与地球自转周期相同,相对地面保持静止,所以称作地球静止轨道卫星。

GEO 卫星单星信号覆盖范围很广,一般来说,三颗 GEO 卫星就可实现对全球除南北极之外绝大多数区域的信号覆盖。GEO 卫星始终随地球自转而动,对覆盖区域内用户的可见性达到 100%。同时,GEO 卫星因轨道高,具有良好的抗遮蔽性,在城市、峡谷、山区等具有十分明显的应用优势。

2) IGSO 卫星爱漫步,"走 8 字"

"爱星"——IGSO 卫星,与 GEO 卫星轨道高度相同,运行周期也与地球自转周期相同,但其运行轨道面与赤道面呈 55°的夹角,所以称作倾斜同步轨道卫星。IGSO 卫星星下点轨迹呈"8"字形。

IGSO 卫星与 GEO 卫星同为高轨卫星。IGSO 卫星信号抗遮挡能力强,尤其在低纬度地区,其性能优势明显。IGSO 总是覆盖地球上某一个区域,可与 GEO 卫星搭配,形成良好的几何构型,在一定程度上能克服 GEO 卫星在高纬度地区仰角过低带来的影响。同时,由于我国地处北半球,GEO 在赤道平面内运行,由于高大山体、建筑物的遮挡,在其北侧的用户难以接收 GEO 卫星信号,即存在北坡效应问题,而 IGSO 卫星可有效缓解这一问题的影响。

3) MEO 卫星全球转,"动得快"

全球卫星导航系统星座多由 MEO 卫星组成,运行在约 2 万 km 高度的轨道上。MEO 卫星像极了不知疲倦的小萌娃,在自己的跑道上绕着地球一圈又一圈地奔跑,星下点轨迹不停地画着波浪线,以便能覆盖全球更广阔的区域。MEO 卫星因其全球运行、全球覆盖的特点,是全球卫星导航系统实现全球服务的最优选择。

各类卫星的特点见表 2-2-1。

各类卫星的特点　　　　　　　　　　表 2-2-1

北斗卫星	GEO 卫星	IGSO 卫星	MEO 卫星
名称	地球静止轨道卫星	倾斜地球 同步轨道卫星	中圆轨道卫星
绰号	吉星	爱星	萌星

续上表

北斗卫星	GEO 卫星	IGSO 卫星	MEO 卫星
轨道高度	约 3.6 万 km	约 3.6 万 km	约 2 万 km
星下点估计	投影一个点	固定区域"8"字形移动	绕地球波浪形走
特点	定点、不移动	特定区域的核心	全球环绕

  北斗系统独创的混合星座设计,既能实现全球覆盖、全球服务,又可为亚太大部分地区用户提供更高性能的定位导航授时服务。亚太大部分地区,每小时可见约 12~16 颗卫星,全球其他地区每小时可见 4~6 颗卫星。

  4. 北斗卫星导航系统的信号体制

  北斗系统是全球第一个提供三频信号服务的卫星导航系统,GPS 使用的是双频信号,这是北斗系统的后发优势。使用双频信号可以减弱电离层延迟的影响,而使用三频信号可以构建更复杂模型消除电离层延迟的高阶误差。同时,使用三频信号可提高载波相位模糊度的解算效率,理论上还可以提高载波收敛速度。

  北斗二号在 B1、B2 和 B3 三个频段提供 B1I、B2I 和 B3I 三个公开服务信号。其中,B1 频段的中心频率为 1561.098MHz,B2 频段为 1207.14MHz,B3 频段为 1268.52MHz。

  北斗三号在 B1、B2 和 B3 三个频段提供 B1I、B1C、B2a、B2b 和 B3I 五个公开服务信号。其中 B1 频段的中心频率为 1575.42MHz,B2 频段为 1176.45MHz,B3 频段为 1268.52MHz。

  5. 北斗卫星导航系统定位测速授时服务

  位置信息、速度信息和时间信息是构成北斗系统信息服务的"三要素"。

  (1) 位置信息。北斗系统可向全球提供优于 10m 的定位服务,亚太地区定位精度达到 5m。北斗系统提供的位置信息服务,输出结果为"经度、纬度、高程"或者"x,y,z",不管哪种输出形式,恰好都是三个参量,一个不多,一个不少。同时,通过精密单点定位、星基增强、地基增强等方式,可将定位精度提高到米级、分米级乃至厘米级。

  (2) 速度信息。北斗系统提供的测速精度能力优于 0.2m/s。

  (3) 时间信息。北斗系统可为用户提供优于 20ms 的授时服务,在此基础上利用差分授时、双向比对等技术手段,可进一步提升授时精度。

6. 北斗卫星导航系统的"心脏"

天上的"星星"是如何"看到"我们的位置，又怎么能如此精准地"指引"我们的方向呢？这就不得不提到被称作卫星"心脏"的原子钟，导航系统几乎都是依靠它来掌握时间的精度。时间精度就是卫星导航的"命门"，天地间时间越同步、误差越小，定位精度越高。然而，在北斗导航卫星发展初期，我国并不具备研制生产星载原子钟的能力。过去，全球只有少数国家能够制造卫星导航系统使用的高精度原子钟，但对我国实行严格限制，甚至直接禁运，但是这并没有阻挡住我国的科学家研制能够上星的原子钟的步伐！

在我国科学家的不断努力下，到北斗二号建设时，外国垄断被彻底打破。如今，北斗三号使用的是我们自主研发的最新一代原子钟——铷原子钟。所谓铷原子钟，是以铷原子跃迁为物理基础建立的一套极度精密的电子设备，简称铷钟。其稳定度直接关乎导航卫星的定位、测速和授时功能的精度，甚至可以说，直接决定着导航卫星的成败。北斗三号所配备的铷钟，其稳定度达到 E-14 量级，这相当于 300 万年只有 1s 误差。这一技术进步，直接推动了我国全球导航系统定位精度，由之前"区域系统"的 10m，跨越到后续"全球系统"米级分辨率，测速和授时精度同步提高一个量级。当前，中国空间技术研究院还在研制更高精度的铷原子钟，争取未来将导航卫星的定位精度、授时精度再提高一个量级。届时，这种追求精度极致的探索，或将带动新兴产业和新兴社会应用的出现。

三、地理信息系统与电子地图

1. GIS 与 GIS-T

地理信息系统简称 GIS，是指为收集、管理、操作、分析和显示空间数据的计算机软、硬件系统。

GIS 的发展始于 20 世纪 60 年代，是与计算机技术同步发展的应用技术。GIS 集成了计算机数据库技术和计算机图形处理技术，在对象处理上具有空间地理特征，也具有统计信息特征。如一段公路，起讫点是它的地理特征，公路的造价、技术标准以及交通量等又具有统计数据特征。GIS 突破了纸介质地图数据使用的局限。

GIS 的基本思想是将地球表层信息按其特性的不同进行分层，每个图层存储特征相同或相似的事物对象集，如河流、湖泊、道路、土地利用和建筑物等构成不同的图层，然后分层管理和存储。这样每个图层都有一个唯一的数据库表与其相对应，这个数据库表成为属性数据库，库中内容称属性数据。因此，GIS 是一种空间性数据库管理系统，然而它除了具备一般数据管理系统的数据输入、存储、查询和显示输出等基本功能外,还能够进行空间查询和空间分析,用户可以根据需要建立一个应用分析模型,通过动态分析为评价、管理和决策服务。

交通地理信息系统简称 GIS-T,是收集、存储、管理、综合分析和处理空间信息和交通信息的计算机软硬件系统。GIS-T 是 GIS 技术在交通领域的延伸,是 GIS 与多种交通信息分析和处理技术的集成。

1) GIS-T 中主要交通数据的类型

GIS-T 中主要交通数据的类型包括:

(1)空间信息,如交通分区图、道路网络图、设施分布图等。

(2)属性信息,包括交通区属性数据库、路网属性数据库、设施属性数据库、交通流量、道路等级、路面状况、图像数据,如航空影像、设施照片等。

(3)其他有关信息,如多媒体数据库中航空影像、设施照片、声音等多媒体信息。

2) GIS-T 的主要功能

GIS-T 的主要功能包括编辑、制图和显示及测量图层等,主要用于对空间和属性数据的输入、存储、编辑,以及制图和空间分析等。编辑功能使用户可以添加和删除点、线、面或改变它们的属性;制图和显示功能可以制作和显示地图,分层输出专题地图,如交通规划图、国道图等,显示地理要素、技术数据,并可放大缩小以显示不同的细节层次;测量功能用于测定地图上线段的长度或指定区域的面积。GIS-T 的其他功能包括叠加、动态分段、地形分析、栅格显示和路径优化等。

在 GIS-T 的上述功能中,空间分析功能是地理信息系统软件的核心,叠加分析、地形分析和最短路径优化分析等功能是为空间分析服务的。交通运输部门可以利用 GIS-T 的等高线、坡度坡向、断面图的数字地形模型的分析功能进行交通规划、交通控制、交通基础设施管理、物流管理、货物运输管理等。

2. 电子地图

电子地图,即数字地图,是利用计算机技术,以数字方式存储和查阅的地图。电子地图一般使用向量式图像储存,地图比例可放大、缩小或旋转而不影响显示效果,利用 GIS 来储存和传送地图数据,也可融合其他信息系统。

GIS 与电子地图的区别如下:

(1)定义不同。电子地图是以地图数据库为基础,以数字形式存储于计算机外存储器上,并能在电子屏幕上实时显示的可视地图;GIS 是以地理空间数据库为基础,在计算机软硬件的支持下,综合处理和分析地理空间数据的一种技术系统。

(2)功能不同。电子地图是地图制作和应用的一个系统,是由电子计算机控制所生成的地图,是基于数字制图技术的屏幕地图,是可视化的实地图。GIS 具有空间数据的获取、存储、显示、编辑、处理、分析、输出和应用等功能。

(3)侧重点不同。电子地图强调的是通过专用的计算机软件来进行读取、检索、数据分析、符号化与显示,GIS更侧重于信息分析、编辑、归类整理等。

(4)用途不同。电子地图可以用来查找各种场所、各种位置、查找和定义出行的路线,例如怎样乘坐公交,开车怎么走,选择什么路线等,还可以了解与出行相关的其他信息。GIS用于直观、便捷地集成各种属性数据、高效管理信息资源、提供辅助决策制作地图提供与获得空间位置相关的服务等。

电子地图以GIS技术为基础,也可以说是GIS的一个功能或者一个方面,其融合了数据库技术,使信息数据可视化程度大大提升,表现形式更加丰富,拥有多媒体及网络功能,可以实现地图操作,如分析查找特定范围内的目标,查找两点间最短路径,对附属信息进行浏览等。

电子地图是记录地理信息的一种图形语言形式。从历史发展的角度看,GIS脱胎于地图,并成为地图信息的又一种新的载体形式。电子地图是地图学中较新的一个领域,也是GIS输出、显示结果的一个重要部分。地图学同时也是GIS的重要数据来源之一,对于所有的GIS,地图是一个中心,它既是输入数据的来源,又是输出数据的一种形式。

四、拓展小故事:定位技术的由来。

定位技术的由来可扫描二维码查看。

定位技术的由来

模拟实验一　电子地图使用

一、学习目标

熟练使用电子地图的相关功能。

二、学习任务

(1)学习使用电子地图搜索周边资源的方法。
(2)学习使用电子地图的街景功能。
(3)学习使用电子地图的路径规划使用方法。

三、实验步骤

1. 发现"身边的美"

此时此刻你的周边有哪些美食、商场、步行街、风景区,你知道吗?请使用电

发现"身边的美"
操作步骤

子地图,定位到你的位置,搜索周边的地点,并将相关信息记录在表 2-2-2 中。

周边信息记录表　　　　　　　表 2-2-2

地 点 类 别	距离你最近的此类地点的名称	该地点与你的距离	该地点与你的相对方向
美食			
商场			
步行街			
风景区			

2. 街景时光机——回到过去

老人们总说着"你还没出生"时的故事,那么以前的街道究竟是什么样子呢?现在可以"坐时光机"去看啦!请使用百度地图"街景"功能,查看时光机,了解某条街道以前的样子,并记录岁月的沧桑变化给你带来了怎样的感受。

街景时光机
操作步骤

街道名称:_____

你和过去的回忆:_____
_____

2 年前的样子:_____
_____

5 年前的样子:_____
_____

你的感受:_____
_____

3. 出行路线——规划未来

走路、骑车要多久?公交、地铁什么时候来?高速铁路车票、飞机票多少钱?时间有限的情况下怎么走最快?在经费有限的情况下怎么走最便宜?这些问题都能在电子地图中找到答案。

出行路线
操作步骤

请使用电子地图的路线规划功能完成表 2-2-3、表 2-2-4 所列出行方案。

广州市内出行记录表　　　　　　　　　　　　　表 2-2-3

交通方式	总用时	支出清单	此方案优点	此方案缺点
打车				
驾车				
公共交通(少步行)				
公共交通(时间短)				
公共交通(少换乘)				
步行				
骑行				

广州市外出行记录表　　　　　　　　　　　　　表 2-2-4

交通方式	总用时	支出清单	此方案优点	此方案缺点
打车				
驾车				
公共交通(飞机)				
公共交通(高速铁路动车)				
公共交通(普通火车)				

(1)广州市内出行:嘉禾望岗—陈家祠。

小王是一名中学生,零花钱数额有限,他出行的主要目的是锻炼身体,不赶时间,请为小王选择一个你认为最优的方案,将其具体的行程内容记录在下方,并说明选择此方案的原因和意图。

你选择的方案具体行程内容(含时间、距离、方向、站点、花费等):

_____

你为小王选择此方案的原因和意图是:

_____

(2)广州市外出行:广州—北京。

李总是一名企业家,他要去北京出差,出行时间有限,经费充足,请为李总选择一个你认为最优的方案,将其具体的行程内容记录在下方,并说明选择此方案的原因和意图。

你选择的方案具体行程内容(含时间、距离、方向、站点、花费等):

_____

_____

你为李总选择此方案的原因和意图是:

_____

_____

模拟实验二　搜星平台的搭建

现在的导航系统已经成为我们出行的必备,先进的导航系统从多方面为我们提供了许多的帮助,给我们的生活带来了翻天覆地的变化。我国的北斗卫星导航系统于2020年7月31日正式开通。随着全球组网的成功,北斗卫星导航系统未来的国际应用空间将会不断地扩展。本次课我们一起来认识一下北斗定位模块,探索一下属于中国的骄傲。

一、学习目标

(1)了解北斗导航卫星系统的相关知识。

(2)能利用北斗模块获取本地的位置。

(3)提升爱国情怀,明白自主创新的重要性。

二、学习任务

(1)学习北斗定位模块的使用方法。

(2)获取北斗模块的经纬度值。

(3)能准确查找到模块位置,并在地图上显示出来。

三、相关知识

1. 北斗导航

北斗卫星导航芯片、模块、天线、板卡等基础产品,是北斗系统应用的基础。通过卫星导航专项的集智攻关,我国实现了卫星导航基础产品的自主可控,形成了完整的产业链,逐步应用到国民经济和社会发展的各个领域。伴随着互联网、大数据、云计算、物联网等技术的发展,北斗基础产品的嵌入式、融合性应用逐步加强,产生了显著的融合效益。

2. 实验设备清单

本实验所需设备见表2-2-5。

实 验 所 需 设 备　　　　　　表2-2-5

设备			
名称	北斗定位模块	LCD 1602 显示屏	LED 发光模块

四、实验步骤

1. 任务说明

（1）液晶显示器（Liquid Crystal Display，LCD）显示屏第一行默认居中显示："Beidou"，第二行居中显示："searching……"。

（2）如果搜到了 GPS 信号，则 LED 灯发亮。

（3）搜寻 GPS 信号，并在 LCD 显示屏的第一行显示东经的度、分、秒信息，如 DJ:45615.1321；第二行显示北纬的度、分、秒信息，如 BW:3116.123。

（4）在"GPS 测试工具"软件中，输入获取到的经纬度，进行定位。

2. 搭建北斗定位搜星平台

在 linkboy 软件中，找到图2-2-5中的设备或模块，进行仿真搭建。

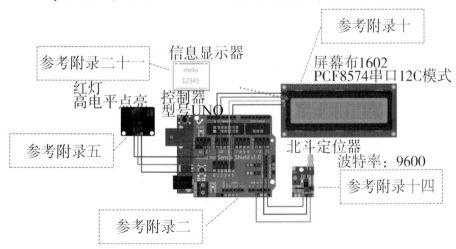

图 2-2-5　北斗定位搜星平台搭建图

3. 操作内容

（1）请根据北斗定位搜星平台的仿真接线，填写图2-2-6～图2-2-8中空白处的内容。

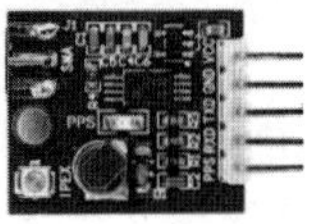

VCC：接_____
GND：接_____
TXD：接_____

图 2-2-6　仿真接线(1)

GND：接_____
VCC：接_____
SDA：接_____
SCL：接_____

图 2-2-7　仿真接线(2)

OUT：接_____
VCC：接_____
GND：接_____

图 2-2-8　仿真接线(3)

(2)编程思路。

根据任务说明完善流程图(图 2-2-9),并在 linkboy 软件中编写程序,参考程序可扫描二维码查看。

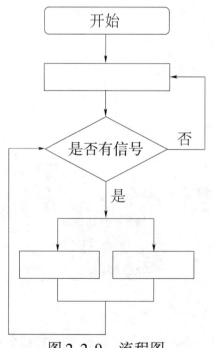

图 2-2-9　流程图

参考程序

提示:

第一步:当接收到 GPS 信号时,先让红灯亮起来。

第二步：让 LCD 显示屏显示默认的字符。

第三步：当接收到信号时，让 LCD 显示屏按要求显示经纬度。

（3）完成实验。

完成仿真接线和程序编写后，进行仿真测试，并按照仿真搭建图，进行实物搭建，仿真与实物效果请扫描二维码查看。

　　仿真效果　　　　　　实物效果（1）　　　　　实物效果（2）

①卫星定位。

获取到经纬度后，打开"GPS 测试工具"软件，输入获取到的经纬度值，进行定位，查看定位的准确性。

②寻找卫星。

a. 在 Arduino 的 IDE 中运行测试例子，代码如图 2-2-10 所示。

```
//此处为了兼容其他的多串口Arduino板子
#define GPSSerial  Serial
#define DEBUGSerial Serial
void setup()   //初始化内容
{
  GPSSerial.begin(9600);      //定义波特率9600,和我们店铺的GPS模块输出的波特率一致
  DEBUGSerial.begin(9600);
  DEBUGSerial.println("Beidou");
  DEBUGSerial.println("Wating...");
}
void loop()    //主循环
{
  while (GPSSerial.available()) {
    DEBUGSerial.write(GPSSerial.read());//收到GPS数据则通过Serial输出
  }
}
```

图 2-2-10　代码示例

b. 上传程序后，可以在串口监视器中看到获取到的数值，如图 2-2-11 所示。

图 2-2-11　获取数据示例

c. 打开"GNSS Viewer"软件，设置好端口和波特率，点击"连接"，则可看到寻找到的卫星数量，如图 2-2-12 所示。

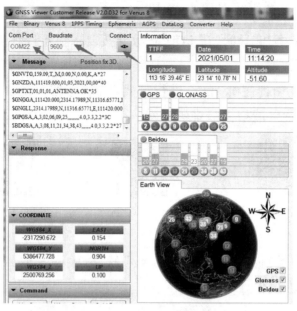

图 2-2-12　结果示例

d. 完成任务后,请填写以下内容。

获取到的位置信息为:东经的度、分、秒值为＿＿＿＿＿＿;北纬的度、分、秒值为:＿＿＿＿＿＿。获取到的 GPS 卫星数量为:＿＿＿＿＿＿。获取到的北斗卫星数量为:＿＿＿＿＿＿。

(4)任务小结。

想想你使用过的智能交通服务,哪些需要卫星导航技术做支撑?

4. 评价表

本实验的评价表见表 2-2-6。

评　价　表　　　　　　　　表 2-2-6

评价要点		自评	互评	教师评
仿真效果 (50 分)	仿真效果是否与任务要求一致(30 分)			
	场景布局效果是否整洁(10 分)			
	程序编写是否合理(10 分)			
实物搭建 (40 分)	真实效果是否与任务要求一致(30 分)			
	接线工艺(10 分)			
5S 管理(10 分)	工位是否整洁干净(10 分)			
总分				

五、课后思考

(1)如果是要获取卫星上提供的时间,程序应该怎么修改?

_____

_____

(2)尝试一下用自定义指令的方法来简化程序。

_____

_____

模拟实验三　简易电子地图的制作

2002年8月,作为GIS服务商出身的高德软件有限公司(以下简称高德公司)成立,经过近20年的发展,高德公司在数字地图、导航和位置服务等领域已经成为地图行业的翘首,并不断地跟多家汽车企业合作,提供导航电子地图服务。2014年2月,高德公司被阿里巴巴收购,高德地图开始为旅游行业提供周边全方位的信息服务,并提供"顺风车""专车"等打车服务,为我们的生活带来了诸多便利。

2016年7月,高德公司发布了高德开放平台的全新战略——AMAP Inside,提供地图、定位、导航、搜索、路径规划、室内地图等服务,并免费提供给开发者们。开发者可以通过开放平台的一些接口,完成属于自己的项目作品。

一、学习目标

掌握电子地图制作的简单方法。

二、学习任务

了解简易电子地图制作的相关步骤。

三、实验步骤

1. 个性化电子地图制作体验活动

为了能更好地了解高德开放平台,同时也让我们领略一下个性地图的魅力,我们一起来完成个性化电子地图制作体验活动。

本体验活动的活动目标包括:注册高德开放平台账号;学会利用模板建立自定义地图;学会利用自定义图片的配色来建立地图;学会发布地图和跨平台的

调用。

接下来按如下步骤完成创建自定义地图。

(1) 高德开放平台的网址为：https://lbs.amap.com/，也可以在百度上搜索"高德开放平台"进入。

(2) 在主页的右上方找到"注册"，按提示注册为"个人开发者"即可，注册完成后进行登录，登录方式有三种，如图 2-2-13 所示。

图 2-2-13　注册登录界面

(3) 在页面右上角的控制台中，进入"自定义地图平台"，可以用模板和图片的方式进行创建地图，如图 2-2-14 所示。

图 2-2-14　自定义地图平台界面

(4) 在页面的左边可以修改地图的命名，可以在"区域面""道路""标注""行政区边界"四大方面进行一些设置，如颜色、不透明度等，滚动鼠标，可以对地图进行缩放。

(5) 地图默认显示的效果为从正上方的鸟瞰图，3D 效果不明显，我们可以按住键盘上的"Ctrl"键，然后按住鼠标左键往不同的方向拖动，以切换不同的视野方向，漂亮的 3D 效果即可呈现。

(6) 点击页面左上角可以退出对地图的编辑，并自动保存。在"我的自定义地图"中即可看到新建的"我的地图样式"，如图 2-2-15 所示。

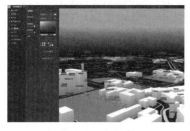

图 2-2-15 "我的地图样式"界面

(7)请大家发挥想象,创建一份属于自己的地图吧!

2. 获取高清地图模型图片

当我们创建好地图后,可以截图保存,但是这样操作图像像素比较低,放大后会模糊不清,如果需要一张高清图片,则需要跨平台进行引用。本任务结合"高德开放平台"和"规划云"平台进行操作。

(1)在"我的自定义地图"中,先把我们新建的"我的地图样式"发布,发布完成后,点击"使用与分享",获取样式 ID。

(2)进入规划云网站,网址为:http://guihuayun.com/,点击左边的"多风格地图底图",然后点击上方的"DIY"菜单,接着复制要加入白名单的两个网址,如图 2-2-16 所示。

图 2-2-16 复制网址操作

(3)回到高德开放平台的首页,然后点击控制台中的"应用管理",再点击右上角的"创建新应用",输入"应用名称",选择"应用类型"。

(4)点击刚刚新建的"我的地图"中的"添加",我们要添加一个"key",输入名称,并在"服务平台"中选择"Web 端(JS API)",在"域名白名单"中粘贴刚刚在"规划云"网站上的两个白名单地址,提交后则可看到"key"值,如图 2-2-17 所示。

(5)把"key"值和"我的地图"样式 ID 复制到"规划云"网站的"输入高德

KEY"和"输入样式ID"中,确定后,则可把在高德平台创建的地图加载到"规划云"中,滚动鼠标,放大地图,操作同上。

图 2-2-17 "key"添加界面

(6)把图片缩放至合适位置,然后点击上方的"当前风格下载",弹出提示,按提示操作,即可下载自定义的高清地图,如图 2-2-18 所示。

图 2-2-18 高清地图下载

场景三 智能停车场

对于深圳人来说,"停车难"是个绕不开的问题。尤其是接送孩子上下学或者就医看病,停车更是令人头疼。自去年起,罗湖区在全市率先探索共享停车机制,在东晓街道商业楼宇和周边居民小区停车场开展试点并取得良好成效。

在此基础上,罗湖区升级打造了"罗湖共享停车平台",并在罗湖辖区范围内推广。通过信息化手段,引导供需双方智慧匹配,推动商业区和周边小区停车位双向错峰共享。目前,罗湖辖区 10 个街道 313 个停车场加入了"共享停车计划",可共享停车位 14113 个,白天和夜间可分别提供错峰共享停车位 2228 个和

11885个。平台上线试运行一个月来,注册用户达23358人。

罗湖区是深圳最早的建成区,超百万人居住在此。早期的罗湖区,建筑停车配建标准低,停车位严重不足。日间,写字楼等商超楼宇停车位紧张,此时周边住宅区内的停车位由于上班人群的离开,停车位充足,却多数不对外开放。罗湖区老旧住宅小区居多,夜间约45%的停车场处于超饱和运行状态。而这时,商超楼宇等地的停车场由于工作的结束,空出了很多车位。

基于此,罗湖区开展共享停车计划,从东晓街道试点开始,逐渐摸索出一套完整的共享停车方案,并将"东晓模式"陆续复制到其他各个街道,最终扩容升级为"罗湖共享停车平台"。

该平台由罗湖区政务服务数据管理局和罗湖交警大队主导,PP停车与华为联手打造。居民们通过手机微信扫描小程序二维码,或直接微信搜索"罗湖共享停车",通过罗湖共享停车小程序,即可使用预约停车功能,在停车场空闲时段预约入场停车。

场景解读

智能停车服务是一种随着计算机、互联网技术的发展而衍生出的服务,其主要作用于城市的交通管理领域,通过将停车位资源数据在云端统一管理,利用无线通信、智能终端、云计算、人工智能、大数据、物联网等新兴技术,实时、系统地采集、管理、查询、预定与导航停车位资源,使得被管理城市内的汽车可以通过云平台实时获取最佳的可用停车位信息及其目标引导,从而使城市停车位资源得以被系统化管理、高效化利用,在提高停车场利润的同时让驾驶人获得良好的停车服务。

知识模块　智能停车场技术认知

知识点

(1) 智能停车系统的构成。
(2) 车牌识别技术的要点。
(3) 智能停车场反向寻车的原理。

一、智能停车场管理系统概述

智能停车场管理系统,是停车场对车辆管理、收费和停车场设备自动化管理的定义,其作为服务现代城市交通车辆出行的重要辅助设施,受到越来越多企业、机关、事业单位与个人的重视,成为人们驾车出行不可避免的环节。

智能停车场管理系统配置包括停车场控制器、感应卡、自动智能道闸、IC卡读感器、车辆感应器、地感线圈、高清摄像机、电子显示屏、视频数字录像机、传输设备、停车场系统管理软件、计算机、手机App(应用程序)客户端等,能实现车辆进出停车场及停车场内的高效管理,包括车辆收费、车牌判断、车辆找寻、车辆防盗等,提升整个停车场的智能化和信息化程度,将原来需要人工处理的工作交由智能化设备处理,既可以节省大量的人工成本、降低能耗、提高工作效率,又能保证各种数据的及时、准确、有效。

1. 智能停车场的要求

(1)实用性和经济性。贯彻面向实际应用、注重实效的方针,在满足系统各方面功能和性能的前提下,坚持实用、经济、绿色环保节能的原则。

(2)先进性和成熟性。既要采用先进的技术和方法,以及行业中使用较为广泛的产品和技术,又要注意结构、设备、工具的相对成熟。

(3)开放性和标准化。选用的技术和设备的协同运行能力,不仅要能满足系统目前的需求,还要能满足后期系统的扩展,以保障用户今后的扩容和升级的需要;选用的产品要做到向上、向下相互兼容,从而保证系统的开放性和标准性。

(4)可靠性和稳定性。设计合理,结构简单,切合实际,保证系统结构、技术措施、设备性能、系统管理、设备厂家技术支持及售后服务等方面的可靠性和稳定性。

(5)安全性和保密性。针对不同的应用场景和环境背景,采取不同的应对措施,包括系统安全机制、数据存取的权限控制等,使系统设计方案具有高度的安全性和保密性。

2. 智能停车场的硬件构成

智能停车场管理系统由数据中心控制管理入口控制系统、车辆识别系统、安全监控系统、用户管理系统和出口控制系统等组成。智能停车场管理系统主要硬件设备有:

(1)入口控制设备。入口控制设备包括入口自动吐卡机、入口读卡器、车辆检测器、电动栏杆等。

(2)用户收费终端设备。用户收费终端设备包括计算机、视频捕捉卡、票据打印机等。

(3)数据处理中心设备。数据处理中心设备包括数据服务器、中心读写卡机、通信设备等。

(4)停车场监控设备。停车场监控设备包括监控摄像头、视频卡、显示器、报警装置设备等。

(5)出口控制设备。出口控制设备包括出口读卡机、车辆检测器、电动栏杆、出口语音提示设备、停车费用显示设备等。

(6)其他设备。其他设备包括照明设备、通风设备等。

3.智能停车场关键技术概览

为了实现停车场管理信息化、智能化、低成本、多收益的经营管理目标,智能停车场管理系统包括出入口车牌识别、收费管理、车辆引导、反向寻车、车辆防盗五大功能。停车场不但提供企业内部车辆的停车管理,同时又考虑到临时访问车辆的停放,对固定长期月租车辆和临时访问车辆分别采用车牌识别系统进行管理。出入口系统将机械、电子计算机和自动控制等技术有机结合起来,通过计算机、网络技术的有机管理,实现车牌自动识别、自动核对、自动记录、自动核费、广告宣传、语音提示等功能。

(1)停车场车牌识别系统。在进出口安装车牌识别一体机设备,自动识别车牌信息,并将此车辆车牌信息较为详细地显示在电子显示屏上。然后,前端管理主机将相关车牌信息通过传输发至服务器的管理系统。监控中心管理系统对相关车辆数据信息进行分析处理,存入车辆数据库,建立查询系统,供停车场进出口处车辆信息比对使用。

(2)视频引导系统。车位引导系统和反向寻车系统,采用视频定位终端加以无线超声波探测器相关技术,通过视频车位摄像机、控制器、引导显示屏、网关、语音广播等设备,为驾驶人提供停车场内车位的使用状况、路线等信息来引导停车人寻找停车场内的空余车位。反向查询停车位置由车位摄像机等设备将进入停车场的车辆车牌号码保存,通过停车场内设置的查询机输入车牌号找到停车的位置并提示寻找线路,可以精确地查到车辆的具体位置。

(3)自助缴费系统。通过自助缴费机、微信支付、支付宝等网络支付工具进行缴费;在停车场管理系统手机App中输入车牌号,对车辆进行缴费,该收费方式与停车场内缴费、自助缴费、出口人工缴费等多种缴费方式相结合,可大大提高停车场的收费效率,缓解固定收费点收费压力,进一步提高管理效率。

二、道闸系统简介及功能介绍

道闸设备又称为挡车器,是专门用在道路上限制机动车行驶的通道出入口管理设备,现在被广泛应用在公路收费站、车场管理管理车辆通道上,用于管理车辆的出入。道闸杆可以分为直杆、90°曲杆、180°折杆及栅栏等。道闸系统由减速箱、电机、采用液压传动机构、平衡装置、机箱、闸杆支架、闸杆等部分组成。

使用道闸系统能够有效减少人为工作,大大提高车辆通行效率,使车辆出行更加便利、快捷;为驾驶人提供更加优质、高效和安全的停车服务。

1. 出入口读卡控制功能

这是每个道闸出入口必需的基本功能,也是每个道闸出入口的主要和核心部分。

2. 中央计算机治理系统

该系统是整个道闸停车场治理的核心,由计算机、打印机、通信线路和治理软件组成。系统主要完成IC卡验证、月卡治理、控制信号的接收和发送、停车时间和停车费的计算、图像的抓拍和显示以及数据统计等功能。

3. 临时卡自动出卡功能

临时停车用户在读卡机箱上按"取卡"按钮即可取卡进场停车。自动出卡严格控制一车一卡,无车不能取卡,出卡的同时完成读卡,卡片过期未取自动收回。自动吞卡功能保障临时卡车辆出场时,系统自动回收卡片放行。

4. 图像抓拍对比功能

在出入口处安装摄像机,车辆从道闸入场时自动抓拍车辆的图像,并连同持卡人和刷卡时间等信息存入电脑,出场时将系统自动调出持该卡的车入场图像,经出场车辆图像与从道闸进口图像进行对比确定为同一辆车后,才予以放行,确保车辆安全。

5. 显示功能

通过显示屏显示欢迎词语、收费金额、卡中余额、卡有效期、充值提醒、车位已满以及泊车场其他相关信息等。

6. 语音提示功能

正常操作时可语音提示"请读卡""收费××元"等相关信息,误操作或非法操作时作出相应语音提示。

7. 对讲功能

在控制中心安装对讲主机,各出进口安装对讲分机,按对讲按钮即可保证各出进口与控制中心的联络。

8. 防砸车功能

道闸配合车辆检测器实现防砸车功能。当道闸下有车时，闸杆不会着落，即便当闸杆着落时有车开到其下面，闸杆也会止落上抬；车辆离开后，闸杆自动着落。

9. 防砸人功能

道闸门采用专用红外线或超声波技术配合车辆检测器实现防砸人功能，即人在道闸下，闸杆就不会着落，人离开后，道闸闸杆自动着落。

三、车牌识别技术

1. 车牌识别的基本概念

车牌识别系统（Vehicle License Plate Recognition，VLPR）是指通过视频图像识别技术，检测受监控区域内车辆并自动提取车辆牌照信息（含汉字字符、英文字母、阿拉伯数字及颜色）进行处理的软硬件。车牌识别是智能交通中的重要组成部分之一，应用十分广泛。

车牌识别要实现进行车辆的动态视频或静态图像进行牌照号码、牌照颜色自动识别功能，其硬件设备一般包括触发设备、摄像设备、照明设备、图像采集设备、识别车牌号码的处理机等，其软件核心包括车牌定位算法、车牌字符分割算法和光学字符识别算法等。一个完整的牌照识别系统应包括车辆检测、图像采集、牌照识别等几部分。当车辆检测部分检测到车辆到达时触发图像采集单元，采集当前的视频图像。牌照识别单元对图像进行处理，定位出牌照位置，再将牌照中的字符分割出来进行识别，然后组成牌照号码输出。车牌识别系统工作原理示意图如图2-3-1所示。

图2-3-1　车牌识别系统工作原理示意图

2. 车牌识别的基本步骤与技术

1）牌照定位

牌照定位是车牌识别系统中的关键之一。能否在复杂的背景下克服干扰准确定位出含有车牌字符区域,直接关系到车牌识别系统后续识别环节的准确率。车牌区域定位算法属于成熟技术之一,其中主流的方案有下面几种:

(1)基于彩色图像与深度图像的目标物体识别与定位方法。

(2)基于数学形态学的识别方法。

(3)基于纹理特征的提取与识别方法。

(4)人工神经网络方法。

对于背景特别复杂的牌照定位问题,现在很多情况下都将以上的两种或者两种以上的方法结合起来使用。

2)牌照字符分割

完成牌照区域的定位后,需将牌照区域分割成单个字符,然后进行识别。在干扰严重、特征失真的图像环境中,可以通过算法设计,利用纹理、色彩、投影、拓扑、边缘等特性对牌照图像进行快速、准确的字符分割、识别。

例如在字符分割中采用的垂直投影法,利用二值化的图像的分布直方图进行分析,从而找出相邻字符的分界点进行分割,效果很好。

3)牌照字符识别及重组

字符识别方法目前主要有基于模板匹配算法和基于人工神经网络算法。

基于模板匹配算法首先把待识别字符二值化并将其尺寸大小缩放为字符数据库中模板的大小,然后与所有的模板进行匹配,最后选出最佳匹配方案作为结果。由于这种匹配算法稳定性较差、时间花费也较大,因此在此基础上提出了基于关键点的匹配算法。此算法先对待识别字符进行关键点提取,然后对关键点去噪,最后再确定字符的分类。这种匹配算法只利用了字符的关键点进行匹配,因此提高了识别速度,同时又具有较高的识别率。

基于人工神经网络的算法主要有两种:一种是先对待识别字符进行特征提取,然后用所获得的特征来训练神经网络分类器;另一种方法是直接把待处理图像输入网络,由网络自动实现特征提取直至识别出结果。前一种方法识别结果与特征提取有关,而特征提取比较耗时,因此特征提取是关键。后一种方法无须特征提取和模板匹配,随着相关技术的进步,这种方法将会更实用。

四、车位信息收集与诱导

1. 实时停车位状态的采集与发布

城市级智能停车平台的建设目标是构建一张城市实时停车地图,使驾驶人能随时随地轻松掌握空车位分布状况,实现快捷引导与预先分流,实现城市静态交通智能化。平台是否好用,驾驶人是否认同,关键因素就是平台中提供的实时停车位信息是否全面和准确,因此精准采集、完整覆盖是城市级智能停车平台的技术关键点。

路外封闭式停车场目前常用采集实时停车位信息的方式有两种,即整车库采集和单车位采集。二者的区别在于采集停车库的名称、地点、经纬度、收费价格、收费时间等信息后,整车库采集的方式是从停车收费系统中采集实时空车位总数,单车位采集的方式是在每个停车位上安装传感器,采集实时单车位信息,汇总得到车库实时空车位总数。但二者都要将采集信息汇总发布到停车诱导屏、App 等媒介。驾驶人在 App 中,不但可以查询空车位总数,还可以看到空车位的具体位置与性质(如已被预订、新能源车位、残疾人车位等)。

整车库采集方式从停车收费系统中采集实时空车位总数。收费系统中的实时空车位数据来自实时计算,即以车库容量为基础,进库 1 辆车,空车位减 1;出库 1 辆车,空车位加 1。在进出车辆完全一一对应的情况下,空车位总数才能准确。单车位采集实时车位信息由于建设时就已经一一对应,因此可以确保任何时候平台发布的数据都是准确的。城市级智能停车平台一旦被驾驶人广泛使用,就可以实现停车供需的实时自动匹配,达到静态交通智慧化。

建设真正有实用价值的城市级智能停车平台,需要精准的实时车位信息,并且应使用单车位采集方式。常见的车位传感器包括下列几种:

(1)路面车位车感器。路面车位车感器一般使用地磁车感器,其工作原理是检测小范围内地球磁场变化。由于车辆含有铁等磁性物质,会在小范围内对磁场造成影响,路面车位车感器通过检测这个变化量来判断是否有车辆进出和停放在停车位上。

(2)库内平面车位车感器。库内平面车位车感器分为有线设备和无线设备两大类,有线设备包括有线超声波车感器、有线视频车感器,无线设备主要指无线超声波车感器。由于无线超声波车感器具有安装简便、无须封场、实施速度快、不影响停车库结构和内观等优点,目前被广泛推广,可快速完成城市级规模的停车位信息采集。

(3)立体车位车感器。在立体车位的实时信息采集过程中,由于立体车位的托盘是移动的,无法使用有线设备检测车位,故必须使用无线车感器。目前常用无线超声波车感器或无线红外车感器,但由于红外车感器误报率偏高,立体车位的数据采集以无线超声波车感器为主。

2. 城市停车诱导系统

城市停车诱导系统作为城市智能交通的组成部分,能合理诱导停车,提高停车设施泊位利用率，促使停车设施利用均衡化。

城市停车诱导共分四级。第一级诱导——区域诱导，在区域周边主干道上设置动态停车诱导标志，提供停车场位置、动态车位、行车方向及通行状况提示等详细信息。第二级诱导——干道诱导，在停车场周边1~4个路口处，提示停车场的动态空车位及方位信息。第三级诱导——当前车库，在停车场入口处实时发布本车场空车位数量。第四级诱导——库内引导，在车场内实现精确引导，将车辆快速引导到指定的空车位，提高停车效率。系统能实时提供城市停车信息，为驾驶人节省时间，减少因缺乏停车信息而引起的车辆盲目流动，有效地改善"停车难"的状况，同时提高停车场车位使用率。

停车诱导系统技术通常包括三部分：数据采集、数据发布和系统管理。通过对停车库收费系统或泊位引导系统中的实时空车位数据进行采集，发布显示在周边各级诱导屏上，同时为系统管理者提供可视化的管理平台，实时监控整个停车诱导系统的运行情况。

当停车场库剩余空车位较少时，进入库内的车辆寻找停车位比较费力，特别是入库高峰时，车辆需要兜转寻找空车位，容易造成库内堵塞，甚至发生车辆剐蹭事故。停车场泊位引导系统，是在每个车位上安装车辆检测器，沿行车路线在十字路口安装电子显示屏，指示不同方向当前的空余车位数量，同时辅以车位状态显示灯，通过直观的红色（车位被占用）或绿色（车位空）告知驾驶人空车位所在位置，帮助驾驶人在库内快速找到空车位完成停车。

在路面（内）停车场中，一般采用POS（Point of Sale，销售终端）机或"咪表"模式道路停车管理的半智能化方式，但这些方式难以完全避免收费流失，且无法提供实时空车位信息。随着物联网和移动互联技术发展，目前"射频地磁车检器+POS机/手机移动支付"的技术方案已成为城市道路停车智能管理的主流应用模式。应用该系统后，驾驶人可通过手机远程查询实时空车位分布并引导停车；系统自动计费，驾驶人自助移动支付停车费。

五、反向寻车系统

在商场、购物中心及写字楼等大型停车场内，驾驶人在返回停车场时往往由于停车场空间大，环境及标志物类似、方向不易辨别等原因，容易在停车场内迷失方向，找不到自己的车辆，寻车的需求由此产生。反向寻车系统通过进场之后刷卡签停的形式，在驾驶人寻找车位时实现在查询端刷卡、条形码，显示驾驶人及车辆所处位置及参考行走路线等的功能，帮助驾驶人尽快找到车辆停放的区域。该系统同时还结合了车位引导功能，可以自动引导车辆快速进入空车位,降低管理人员成本,消除寻找车位的烦恼,提高顾客对停车场的满意度;加快停车场的车辆周转,提高停车场的使用率和经济效益,提升停车场管理水平。

1. 反向寻车系统的发展历程

1)人工寻车

"找车难"问题初见端倪时,一些注重客户体验的大型商业停车场为了帮助客户尽快地找到车辆,通常会派出大量的工作人员,手持对讲机,均匀定岗在整个停车场,帮助客户找车。这种方式既耗费人力,又增加了运营成本,实属无奈之举。人工寻车无非是增加了找车人数,而问题没有得以根本解决。

2)刷卡寻车

随着信息化建设进程的加快,停车场管理也逐步向信息化、数字化方向发展。在反向寻车技术方面,以刷卡寻车为主的寻车方式迅速进入人们的视野,代替了原来的人工寻车方式。要成功实现刷卡寻车,必须具备两大条件:①驾驶人必须自行办理相应的停车卡并要记得随身携带;②驾驶人下车后必须主动操作,在就近的定位器上刷卡定位。因此,刷卡寻车技术依然离不开人们的主动记忆和主动操作,上述两大成功的必要条件严重制约了刷卡寻车的功能性和实用性。

3)视频推导寻车

随着科技的不断进步,反向寻车系统开始尝试"拐弯处视频检测技术",即在停车场每个拐弯处安装摄像头,对经过的车辆进行实时抓拍;驾驶人返回车场找车时通过在查询终端上获知车辆最终出现在哪个拐弯处,来判断车辆大致停放的区域。相对于刷卡寻车,这一技术的进步性在于系统尝试进行自动车辆定位,免去驾驶人主动记忆及主动操作的麻烦,使技术更具备实用性,但与精准定位的需求还有差距。

4)视频定位寻车

驾驶人停车时不需要进行任何主动操作,停好车后即可自行离开,而在返回寻车时,只需在寻车查询终端中输入自己的车牌号进行查询,系统就能自动给出车辆的停放位置,同时提供通过智能计算得出的最佳取车路线。在技术方面,视频寻车相比刷卡寻车、视频推导寻车而言取得了长足的进步,人力角色及人工记忆在系统中的淡化使之具备了优良的操作性和实用价值,所以可以这样认为,直到车牌识别技术成熟后,视频寻车才真正具备了精准定位的能力。

2. 反向寻车系统的三种定位技术

(1)刷卡定位技术。刷卡定位技术主要是利用停车场内分布于各个区域的刷卡定位终端(或刷卡器)进行刷卡定位。停车场每个区域内都有安装一个刷卡定位终端,覆盖若干个停车位,驾驶人停好车后,要携带特定的停车卡在相应区域的刷卡定位终端上进行刷卡,其到达区域点的时间及区域点的情况才能储存在相应的系统服务器中;而驾驶人返回寻车时必须在就近的某个查询终端上再次刷卡方可获得自己的停车位置信息。当然,这个停车位置的信息只能是范围性的"车停在某区的刷卡定位终端附近",而不是精确到"车停在某车位"。

(2)取票定位技术。取票定位技术是在停车场各个区域的条码出票机上取条码票,票上打印中文车辆位置信息,取车时在液晶查询终端读取此票。类似的技术还有条码寻车、手机短信寻车系统、手机二维码车位导航、指纹识别寻车等,也是在停车场每个区域内设置一个定位机(或条码打印机),驾驶人停好车后要从相应区域的定位机上获取一个小票凭证(或一张条码),返回找车时通过引导机读取小票凭证(或扫描条码)来获得自己的停车位置信息。取票定位技术实质上跟刷卡寻车一样,也都无法摆脱需要客户主动定位的弊端。

(3)车牌识别定位技术。车牌识别定位技术基于计算机视觉技术,利用前端摄影机实时回传视频图像,获得车辆的车牌号码信息,与摄像头地理位置编号结合进行车辆定位。

3. 反向寻车系统的原理

反向寻车系统主要通过在每个停车位上安装摄像头,利用车牌识别系统对停车位的图像信息进行抓拍,进行车辆车牌的识别后,将车位状态和识别的车牌号、停车时间、停放位置等信息,反馈到中央处理机(中控机),进行数据的存储和管理。

驾驶人通过安装在停车场显眼位置的寻车终端或服务终端输入自己的车牌,终端收到指令后会在系统调取存储的数据,并将相应位置信息显示在服务终端显示屏上,进行地图标注或区域标注。驾驶人通过地图及诱导措施的指示选择最佳路线找到目标停车位,从而实现智能反向寻车功能。

完成取车后,系统及时更新指令及车位信息,其他驾驶人可以重新及时获知整个停车场各区域的车位情况,从而实现车位引导功能。

4. 反向寻车系统的组成

如图2-3-2所示,反向寻车系统由车位检测器、视频处理器、中央处理器、网络交换机、室内外的LED(Light Emitting Diode,发光二极管)显示屏、寻车终端等硬件设备,以及配套的综合管理一体化软件和操作平台组成。

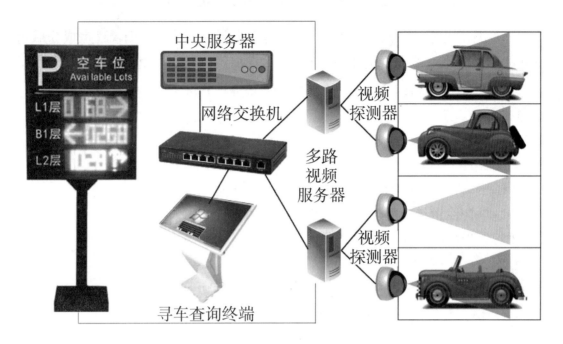

图 2-3-2　反向寻车系统的组成

1) 车位检测器及占位灯

车位检测器有超声波车位探测器和视频探测器两种,根据客户需求定制。探测器安装在每个停车位的正上方,正对着停车位,视频探测器会抓取泊车位的车辆图像,将信息发送给处理器存储。视频探测端一般配有车位引导的占位灯,有车显示红色,无车显示绿色或关闭。

2) 诱导屏及显示屏

室内外的 LED 显示屏用于将中控机处理的数据,以文字和数字的形式显示停车场的车位情况,每 24h 自动更新。

3) 服务器/中央处理器(中控机)

服务器/中央处理器(中控机)用于存储子系统传输数据(如车辆图像信息、车位剩余信息及 LED 显示等),并对整个系统的信息指令进行处理匹配。

4) 交换机或类似设备

交换机或类似设备主要对数据流进行交互,以更好地实现信息传输。

5) 反向寻车服务终端

反向寻车服务终端可与其他服务终端集成。驾驶人可以通过触摸或者以按键方式输入车牌号、停车时间、停车位置、泊车后的纸票码等条件进行车位查询。

模拟实验一　智能闸门搭建仿真

随着城市的不断发展,人们对汽车的需求也越来越大,"停车难"也成为城市发展的难题。不过停车场也在一直在发展,变得越来越智能化,让人们停车变得更加便利。本模块利用 Arduino 平台模拟搭建智能停车场的闸门,学习闸门的相关原理。

一、学习目标

(1) 明白智能闸门的工作原理。
(2) 学会使用红外反射传感器及舵机模块。
(3) 感受科技改变生活的魅力。

二、学习任务

搭建仿真智能停车场的闸门,提高停车效率。

三、相关知识

1. 智能停车场

智能停车场包括智能停车收费系统、车位显示、停车场出入口管理等方面的技术,未来的停车场会建设智慧停车物联网平台,实现停车诱导、车位预定、电子自助付费、快速出入等功能,逐渐实现无人化管理,以致通过手机就可以完成全部的服务,比如寻车引导、停车缴费等。本次的实验主要就是仿真停车场出入口闸门的相关技术。

2. 实验设备清单

本实验所需设备见表 2-3-1。

实验所需设备　　　　表 2-3-1

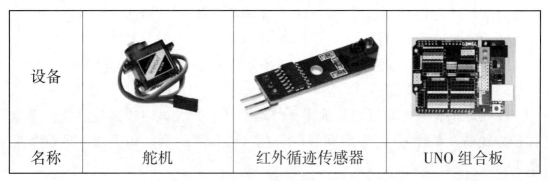

设备			
名称	舵机	红外循迹传感器	UNO 组合板

四、实验步骤

1. 任务说明

当红外循迹传感器检测到障碍物时，舵机旋转 90°；未检测到障碍物时，舵机回到 0°，实现模拟仿真停车场的闸门效果。

2. 搭建停车场闸门仿真

在 linkboy 软件中，找到图 2-3-3 中的设备或模块，进行仿真搭建。

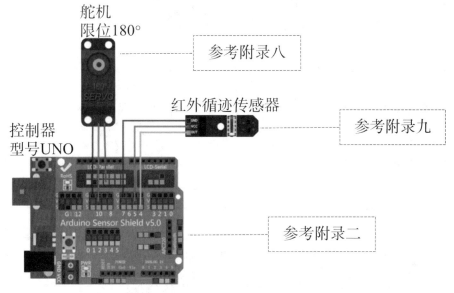

图 2-3-3　停车场闸门仿真搭建图

3. 操作内容

（1）请根据仿真接线，填写图 2-3-4、图 2-3-5 中空白处的内容。

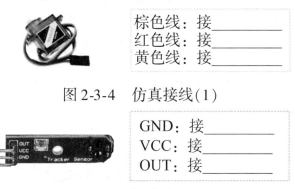

棕色线：接__________
红色线：接__________
黄色线：接__________

图 2-3-4　仿真接线(1)

GND：接__________
VCC：接__________
OUT：接__________

图 2-3-5　仿真接线(2)

（2）编程思路。

在 linkboy 软件中，红外循迹传感器只有“黑色变为白色时”和“白色变为黑色时"两个模块,哪一个才是检测到有障碍物时的操作呢?同学们自己去尝试一下,参考程序可扫描二维码查看。

参考程序

提示:可以在初始化时设置舵机的步进时间,设置一次即可。

(3)完成实验。

完成仿真接线和程序编写后,进行仿真测试,并按照仿真搭建图,进行实物搭建。仿真与实物效果请扫描二维码查看。

仿真效果

实物效果

(4)任务小结。

发挥创意,想一想你能为闸机添加一些"有趣"的功能吗?

4. 评价表

本实验的评价表见表2-3-2。

评 价 表 表2-3-2

	评 价 要 点	自评	互评	教师评
仿真效果 (50分)	仿真效果是否与任务要求一致(30分)			
	场景布局效果是否整洁(10分)			
	程序编写是否合理(10分)			
实物搭建 (40分)	真实效果是否与任务要求一致(30分)			
	接线工艺(10分)			
5S管理(10分)	工位是否整洁干净(10分)			
	总分			

五、课后思考

(1)在现实的停车场出入口处,当汽车离开时,闸门并不会立刻就降下来,而是延迟了一定的时间,提高了安全性。那我们在实验中,是否也能实现此效果?请大家思考尝试一下。

(2) 请改善一下实验,使停车场闸门打开或关闭的过程中,红灯闪烁;完成打开和关闭动作后,红灯熄灭。

模拟实验二 停车场闸门语音系统搭建仿真

随着科技的进步,越来越多的岗位被人工智能代替,语音系统就是其中一项重要的技术。在停车场引入语音系统,可使停车更加人性化,实现智能化引导,为驾驶人提供更多便利。在本次实验课中,借助 Arduino 平台,搭建模拟智能停车场闸门语音系统,初步了解其工作原理。

一、学习目标

(1) 了解智能停车场闸门语音系统的工作方式。
(2) 了解红外循迹传感器、语音朗读器的作用,并掌握其使用方法。
(3) 感受人工智能给生活带来的便利。

二、学习任务

搭建智能停车场闸门语音系统,实现车进入或离开停车场时的语音播报。

三、相关知识

1. 场景介绍

当车进入停车场时,系统播放"欢迎光临!";当车离开停车场时,系统播放"祝您一路平安!"。

2. 实验设备清单

本实验所需设备见表 2-3-3。

实 验 所 需 设 备　　　　表 2-3-3

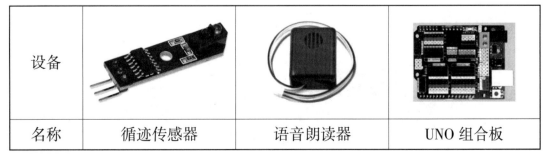

设备			
名称	循迹传感器	语音朗读器	UNO 组合板

四、实验步骤

1. 任务说明

智能停车场闸门语音系统按以下顺序要求运行：

(1) 当车进入停车场时，红外循迹传感器感应到有车靠近，系统播放"欢迎光临！"。

(2) 当车离开停车场时，红外循迹传感器感应到有车靠近，系统播放"祝您一路平安！"。

2. 搭建语音系统仿真

在 linkboy 软件中，找到图 2-3-6 中的设备或模块，进行仿真搭建。

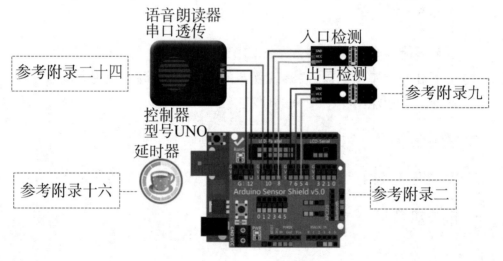

图 2-3-6　语言系统仿真搭建图

3. 操作内容

(1) 请根据交通灯模块的仿真接线，填写图 2-3-7、图 2-3-8 中空白处的内容。

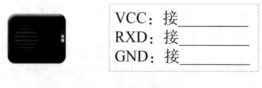

图 2-3-7　仿真接线(1)

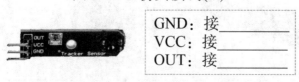

图 2-3-8　仿真接线(2)

(2)编程思路。

根据任务说明,按照流程图(图2-3-9),在linkboy软件中编写程序,参考程序可扫描二维码查看。

参考程序

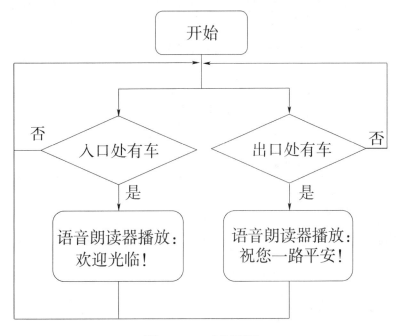

图2-3-9　流程图

参考附录:

①红外循迹传感器说明——附录九。

②如果语句说明——附录十八。

③语音朗读器说明——附录二十五。

(3)完成实验。

完成仿真接线和程序编写后,进行仿真测试,并按照仿真搭建图,进行实物搭建。仿真与实物效果请扫描二维码查看。

仿真效果(1)　　仿真效果(2)　　实物效果

(4)任务小结。

你能让闸门"听懂"驾驶人说什么吗?为什么?

4.评价表

本实验的评价表见表2-3-4。

评 价 表　　　　　　　　　　表 2-3-4

评价要点		自评	互评	教师评
仿真效果 (50 分)	仿真效果是否与任务要求一致(30 分)			
	场景布局效果是否整洁(10 分)			
	程序编写是否合理(10 分)			
实物搭建 (40 分)	真实效果是否与任务要求一致(30 分)			
	接线工艺(10 分)			
5S 管理(10 分)	工位是否整洁干净(10 分)			
总分				

五、课后思考

(1)上网搜寻资料,查找停车场的语音系统及职能停车场有哪些相关技术?

_____

_____

(2)如果在停车场闸门语音系统上增加指示灯,应该如何操作?

_____

_____

模拟实验三　停车场车位统计系统搭建仿真

可能大家都遇到过为了停车而"转圈圈"的问题,有时候进入停车场后才发现没车位了,想要出停车场的时候,又由于车多造成了堵塞,非常浪费时间。智能车位显示系统的出现缓解了"停车难"的问题,方便了人们寻找车位,提高了停车效率。

一、学习目标

(1)认识停车场智能诱导与车位统计系统,了解智能停车场在 ITS 中的作用。

(2)掌握 LCD 显示屏和红外循迹传感器的使用方法。

(3)提高对前沿科技的学习热情,提高团队合作的意识。

二、学习任务

能掌握智能诱导与车位统计系统的搭建方法,能把智能停车场融入 ITS 中。

三、相关知识

1. 车位引导系统

车位引导系统是能够引导车辆顺利进入目的车位的指示系统,一般情况下是指在停车场引导车辆停入空车位的智能停车引导系统。该系统由探测器对车位进行检测,通过显示屏显示空车位信息,驾驶人通过该信息可实现轻松停车。

本实验是对车位统计的模拟仿真,利用在停车场出入口处检测车辆,进行统计,用简单的实验,实现需要的功能。

2. 实验设备清单

本实验所需设备见表2-3-5。

实 验 所 需 设 备　　　　　表2-3-5

设备			
名称	LCD 1602 显示屏	红外循迹传感器	UNO 组合板

四、实验步骤

1. 任务说明

(1)屏幕要求打开背光。

(2)屏幕的第一行居中显示"remain"字样,第二行居中显示剩余的车位数。

(3)当检测到有车进入停车场时,显示屏上的车位数要减1。

(4)当检测到有车离开停车场时,显示屏上的车位数要加1。

2. 搭建车位统计系统

在linkboy软件中,找到图2-3-10中的设备或模块,进行仿真搭建。

3. 操作内容

(1)请根据交通灯模块的仿真接线,填写图2-3-11～图2-3-13中空白处的内容。

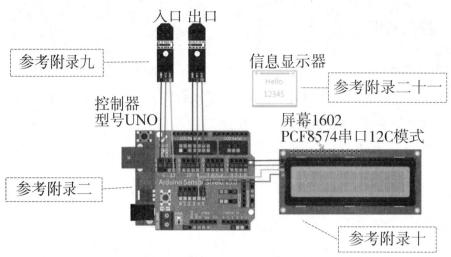

图 2-3-10　停车场车位统计系统仿真搭建图

GND：接_____
VCC：接_____
OUT：接_____

红外循迹传感器(入口)

图 2-3-11　仿真接线(1)

GND：接_____
VCC：接_____
OUT：接_____

红外循迹传感器(出口)

图 2-3-12　仿真接线(2)

GND：接_____
VCC：接_____
SDA：接_____
SCL：接_____

图 2-3-13　仿真接线(3)

(2)编程思路。

根据任务说明完善流程图(图2-3-14),并在linkboy软件中编写程序,参考程序可扫描二维码查看。

提示：

第一步:先让屏幕正常显示任务说明要求的内容。

第二步:需要定义一个变量,用来存储车位数量。

第三步:当入口的红外传感器检测到障碍物时,变量数要减1;当出口的红外传感器检测到障碍物时,变量数要加1。

第四步:完成车位的加减后,要清空屏幕,并再次显示提示内容和车位数。

参考程序

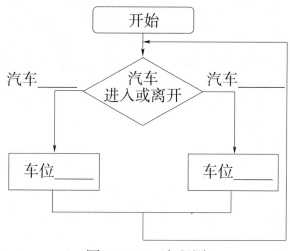

图 2-3-14 流程图

(3)完成实验。

完成仿真接线和程序编写后,进行仿真测试,并按照仿真搭建图,进行实物搭建。

(4)任务小结。

仿真与实物效果请扫描二维码查看。

仿真效果　　　　实物效果

4.评价表

本实验的评价表见表 2-3-6。

评 价 表　　　　　　　　　表 2-3-6

评价要点		自评	互评	教师评
仿真效果 (50 分)	仿真效果是否与任务要求一致(30 分)			
	场景布局效果是否整洁(10 分)			
	程序编写是否合理(10 分)			
实物搭建 (40 分)	真实效果是否与任务要求一致(30 分)			
	接线工艺(10 分)			
5S 管理(10 分)	工位是否整洁干净(10 分)			
总分				

五、课后思考

(1) 每个停车场的车位数量都是有限的,车位数不可能超过最大值或小于0,而参考程序中没有做这方面的处理。请同学们思考一下,应该怎样来修改程序?

_____

_____

(2) 程序中有多处的代码是相同的,我们是否能用更好的方法来简化一下程序?请参考附录22中"自定义指令"的内容,精简一下程序。

_____

_____

场景四 城市公共交通(公交、BRT)

场景导入

  首批参与广州市智能公交系统全面试用的电车公司一分公司的273辆电车全部安装了相关的智能系统车载设备,14条线路首末站均不设站长管理,由调度中心通过系统对车辆的各种运行状态进行智能监控和调度。这一模式的转变使传统的现场分散、随机调度的调度方式逐步转变为集中统一、流动监督的新型组织调度方式,将传统管理中的站长(站务员)从固定岗位上解放出来,成为以流动服务、监督为主,强化一线管理的服务监督员,更有利于公交企业向公众提供优质、快捷的服务。

  智能公交系统改变了传统公交运营人工调度时对车辆"看不见、听不着、找不到"的"三不"状态,通过GPS对公交车辆运行状况进行实时监控管理,系统按照预先编制好的调度计划直接对车辆发出调度指令,驾驶人通过车载设备实时接收系统发送的指令,对车辆运行进行调整,实现系统对车辆的远程自动调度。如果公交车在途中遇到异常情况,系统会自动向调度员示警,由自动调度转为人工调度,及时排除异常情况。此外,系统还可以进行包车、加油、充电、维修等方面的调度。

  智能公交系统还能够对车辆到站时间进行预测,从而提高公交调度和运营管理水平。在相同运力条件下,使用智能公交系统能够进一步降低人车比、缩短运营里程、增加乘载量、降低能耗、增加安全性,有效降低成本,提高经济效益。

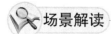

智能公交系统可以分析公交线路工作日、双休日的历史运营记录、客流分布数据,得出每条线路所需的最优配置车辆数和驾驶人数量以及各个时段相应的发车班次需求。通过实施计划排班调度和管理,使之按规律有秩序地运转。

知识模块　智能公交系统认知

(1)智能公交管理系统。
(2)智能公交调度系统的功能。
(3)智能公交调度及优化技术。
(4)BRT的构成。

一、智能公交管理系统

智能公交管理系统,是指将通信、电子、计算机、控制、互联网、GPS、GIS等新一代技术集成应用于在公交线网规划、公交运营、公共交通评测等环节,通过系统工程的理论和方法,构建现代化信息管理系统和控制调度模式,实现公共交通调度、运营、管理的信息化、现代化和智能化,增强公交企业的管理水平和服务水平,提高公交企业的运营效率和效益,同时为出行者提供更加安全、舒服、便捷的公共交通服务和信息服务,鼓励居民采用公交方式出行,有效解决城市交通问题。

智能公交管理系统作为智能交通系统研究的一项重要内容,主要以出行者和公交企业为服务对象。对于出行者而言,智能公交管理系统通过采集与处理动态数据(如客流量、交通流量、公交车辆位置、紧急事件及地点、天气状况等),通过多种媒介为出行者提供动态和静态公共交通信息(如:发车时刻表、换乘路线、最佳出行路径诱导等),从而实现规划出行、最优路径选择、避免交通拥挤、节约出行时间的目的。对于公交企业而言,智能公交管理系统主要实现对公交车辆的动态监控、实时调度、科学管理、驾驶人考核等功能,提高公交服务水平和公交企业的经营效益。

1.城市智能公共交通管理系统的优势

智能公共交通管理系统,基于动态公交信息和实时信息发布技术,使用先进的电子、通信技术提高公交的实时调度水平,提高运行效率和服务水平。智能公交管理系统是涵盖公交监控中心、区域调度中心,路侧、车场、充电设备和车载设备等具有完整的信息采集、传输、存储、处理的软硬件平台。

其中,公交企业服务系统以公交基础资源数据库和 GIS-T 平台为基础,逐步构建智能公交管理系统,包括实时高效的调度指挥系统和方便实用的乘客服务信息系统、便捷高效的多渠道收费(清分结算)系统、先进的公交线网和行车计划优化系统,形成公交管理信息与决策支持系统。智能公交管理系统具体包括车队管理、监控调度、信息服务、电子收费和交通需求管理等几大系统。其中,车队管理主要包括通信系统、地理信息系统、自动车辆定位系统、自动乘客计数、公交运营软件和公交优先交通控制信号等。

出行者信息服务系统主要包括出行前、在途信息服务系统和多种出行方式接驳信息服务系统,其目的是通过掌握运行情况以及乘客数据实现精确高效的公交运营服务。它在运营中的公交车和智慧城市后台之间建立信息交换,并利用诱导和双向通信的方法,将服务信息提供给公交车运营人员和驾驶人,同时这些信息也通过进站车辆指示系统(站牌、车载大屏、查询终端、Web/Wap 查询、App 等)和不同线路公交、轨道交通等其他公共交通的接驳信息系统地提供给乘客。系统包括累积运营数据、乘客计数、监视和控制公交车辆运营和乘客服务等功能,综合分析这些数据可实现公交企业对线路网的优化和行车计划改进,不断提高车辆利用率和载客率。系统向乘客提供的服务功能包括进站车辆指示、信息查询、公共交通接驳方案等。

2. 城市智能公交管理系统的特征

1)具有公交运行基础数据的采集能力和手段,保证系统的数据源基础

公交运行基础数据包括:以公交站点上下客人数为主的交通需求、公交车辆运行车速及站点停靠时间、车辆驾驶状态等。考虑到公交运行的特殊性,这些数据的采集主要由公交车辆车载设备承担。

2)具有有效的数据管理和分析能力,包括操作型数据管理和分析型数据管理

数据管理和分析的目的是保障日常运营的高效管理、规划和调度的科学决策分析,以及为公众提供高质量的信息咨询服务。

3)对用户友好、高效的信息发布能力

信息发布能力包括为公众提供公交信息服务(例如车辆到站时间预测,车辆满载状态情况通报,根据起讫位置和服务要求的出行路线查询等),向管理者提

供实时系统状态查询、历史数据分析服务,支持决策者制定交通发展政策及规划的宏观信息分析等。

4)提高公交车运行效率

智能公交管理系统可实现公交线网优化,实时智能调度,通过公交优先系统充分提高公交车的运行效率,提高公交企业的经济效益。

5)决策支持能力

决策支持能力是指为支持科学管理和决策所必需的系统仿真分析和系统状态预测能力。

智能公交管理系统的构成如图2-4-1所示。

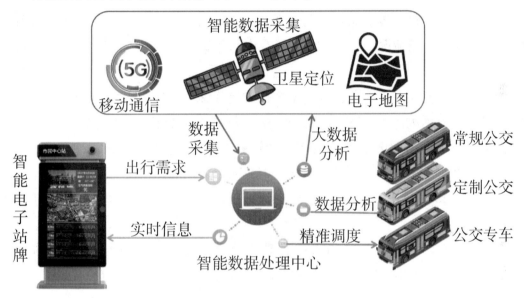

图2-4-1 智能公交系统的构成

二、公交车辆智能调度

公交车辆调度是指根据交通综合情况,如具体线路上下行两个方向上各时段内各站的上下车乘客数等,确定此线路各时段的发车次数以及发车间隔,制定发车时刻表用于指挥公交车辆运营。公交车辆调度过程是一个多目标决策过程,既要考虑乘客的出行便利性,又要考虑公交企业的运营成本。公交车辆调度形式是指运营调度计划中所采取的运输组织形式。

1. 公交车辆调度分类

1)按车辆工作时间的长短与类型划分

(1)正班车:指车辆在日间营业时间内连续工作相当于两个工作班的一种基本调度形式,所以又称为双班车、大班车。

(2)加班车:指车辆仅在某段营业时间内上线工作,并且一日内累计工作时间相当于一个工作班的一种辅助调度形式,所以又称为单班车。

(3)夜班车:指车辆在夜间上线工作的一种调度形式,通常与日间加班车相兼组织,夜班车连续工作时间相当于一个工作班。

2)按车辆运行与停驶方向划分

(1)全程车:指车辆从线路起点站发车直至终点站止,必须在沿线各固定停车站依次停靠,按规定时间到达有关站点并驶满全程的一种基本调度形式。全程车又称慢车、全站车。

(2)区间车(短线车):指车辆仅行驶线路上某一客流量较大的路段的一种辅助调度形式。区间调度形式可通过计算路段(断面)客流量差或路段不均匀系数的方法确定。一般情况下,当客流段面不均衡系数达到1.5时,就应该采用发区间车的调度方法。

(3)快车:指为适应沿线长距离出行需要而采取的一种越站快速运行的调度形式。它包括大站快车和直达车两种。大站快车是指车辆仅在沿线乘客集散量较大的停车站(包括起、终点站)停靠和在其间直接运行的一种调度形式;直达车是快车的一种特殊形式,车辆仅在线路起点和终点站停靠。快车调度形式可通过计算时间不均匀系数或通过客流调查计算站点不均匀系数的方法确定。

(4)定班车:是指为接送有关单位职工上下班或学生上下学而组织的一种专线调度形式。车辆可按定时间、定线路、定班次和定站点的原则进行运行组织。

(5)跨线车:是指为了平衡相邻线路之间客流负荷,减少乘客换乘而组织的一种车辆跨线运行的调度形式。即"甲"线路车辆载客,跨出本线路,进入"乙"线路继续行驶。开行跨线车形式的条件是两条线路在部分区段衔接或顺行,且两线高峰时间不同,客流量大断面不同,线路上先行客流量不同。

公交运营调度均以全程正班车为基本调度形式,并辅以其他调度形式。选用其他调度形式,除根据线路客流情况进行有关计算外,还需要考虑道路与交通条件、企业自身的组织与技术条件以及有关运输服务质量要求等因素。

2. 传统公交行车时刻表的编制

在传统公交企业中,编制行车时刻表是进行行车管理的重要基础工作之一。公交企业根据企业运营的特点,分析运营生产条件和现阶段乘客的要求,确定相应的运营服务水平后,编制相应的行车计划,以适应不同季节、不同工作日、节假日、特殊活动等的客流变化需求。公交行车时刻表用于组织和指导公交车辆运营生产的全过程,其内容包括线路车辆首、末站时间,车辆发车间隔和线路配置车辆数等。在编制过程中,还需根据班次配备,安排与行车时刻表相应的驾驶人、站长。国内城市公交企业传统的公交行车时刻表,基本依靠手工方式编制,存在着工作量大、工作强度高、调度灵活性低等缺点。

3. 智能公交调度系统

智能公交调度系统是以 GIS 电子地图、卫星定位系统、互联网及移动通信等技术为基础,通过实时采集公交运营车辆的位置和状态等信息,结合公交企业车辆运营计划的自动编排与执行,实现公交运营车辆运行状态的实时监控和实时调度指挥,提高公交企业的运营效益和服务水平。

公交智能调度系统的功能包括:公交线路和站点信息的设计、生成与管理;线路运营调度计划的设计、生成与管理;车辆与驾驶人排班计划的设计、生成与管理;车辆 GPS 实时跟踪与监控;车辆运行轨迹记录与回放;实时数据传输;超速、脱线、非准点等多种非正常运行报警;调度信息发布和语音通话管理;图形化 GIS 现场调度工作平台;智能调度与人工调整互补操作;车辆运营趟次、运营正点/准点率、运营里程与非运营里程的综合统计分析;大数据分析应用,对公交线网规划、运营调度计划的优化决策分析;服务信息发布;通过手机端移动智能调度 App 等,实现查看信息管理、报警信息、运营数据、实时监控、数据查询分析报表和设置等功能。

4. 智能公交调度系统的主要功能模块

1) 公交车辆班次安排模块

公交车辆班次安排模块解决公交企业班次调度问题,该模块根据车载客流量检测器采集的乘客信息、结合公交 IC 卡售票系统的交易记录,同时依据公交车辆的定位数据与车辆行程时间预测,以某时段(可选定为 0.5h)为单位,确定各线路公交车辆的发车频率,进而编制相应的班次、人员安排。

在运营过程中,公交车辆班次安排模块将拟订公交车辆从各线路首站发车时间以及到达各站点的预计时间,并将此数据存储到中央数据库系统中。驾乘人员通过公交车辆的车载终端接受调度指令。

2) 公交车辆实时调度模块

公交车辆实时调度模块根据信息采集子系统采集到的动态公交信息,即线路上公交车辆的位置、载客率、前后车状况、公交场站的乘客等信息,综合评估公交系统的整体运营状况和乘客的需求情况,作出车辆调度决策,并向公交车辆发送实时调度信息。调度信息将通过通信子系统传送到公交车载通信终端上,通过多种模式提供给驾驶人。

在实际调度过程中,公交车辆实时调度模块主要解决车辆在线路上的动态调度,根据车辆预计行程时间的差异,并结合未来各站点的乘客候车情况,合理安排公交车辆的班次,减少乘客的候车时间,提高公交服务水平。

3) 公交调度优化模块

公交调度优化模块是一个自适应、后台实时运行的功能模块。该模块将根据公交企业的历史运行数据,结合公交评价子系统的分析结果,按照公交企业的经营策略,对公交班次安排调度模块和公交车辆运行调度模块进行自动优化。

公交调度优化模块中包括四个主要的优化组件:针对城市公交通行能力的优化;针对公交运营参数的优化;针对公交运营服务水平的优化;针对公交负荷度的优化。

(1) 针对城市公交通行能力的优化。公交调度优化模块将建立公交车辆、乘客通行能力的计算模型,开发针对公交站点、线路(含公交专用道)和线网通行能力的优化组件。该组件的主要功能是在系统输入了一定的公交企业运营策略参数的情况下,优化组件输出的公交班次调度方案受到城市公交通行能力的合理制约,即优化方案是真正的可行性方案。

(2) 针对公交运营参数的优化。公交调度优化模块根据公交企业历史运营数据,以全程车、正班车的班次编排为基础,辅以动态调度模块对班次调度数据变更,根据公交信息采集子系统收集的客流信息以及据此生产的预测结果,将预测的满足运营条件的最优发车次数输出到班次调度模块中,实现公交车辆最优配置。

(3) 针对公交运营服务水平的优化。调度优化模块将建立公交运营服务水平的计算模型,根据公交信息采集子系统采集的乘客及公交车辆信息,确定公交站点、线路和线网的服务水平,并根据公交运营策略进行优化。

(4) 针对公交负荷度的优化。公交调度优化模块将根据公交负荷度评价,建立中观层次的公交优化模型,包括站点、线路和线网点、线、面三个层次,对公交运营调度的总体状况进行调整。

4) 公交区域调度模块

公交区域调度模块将用于对区域内各公交线路进行统一调度。智能区域运营组织调度将根本改变"一线一调"的传统调度方式,通过对区域内公交车辆运营进行统一组织和调度,提高公交线路的调配和服务能力,实现区域人员集中管理、车辆集中停放、计划统编制、调度统一指挥,实现人力、运力资源在更大范围内的动态优化配置,降低公交运营成本,提高调度应变能力和乘客服务水平。

智能公交调度与传统公交调度的对比见表2-4-1。

智能公交调度与传统公交调度的对比 表2-4-1

对比项目	传统公交调度	智能公交调度
站点客流量预测	根据人工调查数据确定过去客流量,以此作为未来客流量数据	根据城市公交出行的历史数据和实时客流量检测数据,对未来站点客流量数据进行预测
公交车辆行程时间预测	不进行公交车辆行程时间预测,假定车辆以固定车速和车头时距行驶	根据GPS数据以及公交车辆历史行程数据,对车辆行程时间进行预测,并进行停留时间修正
调度模式	编制数套行车计划表,车辆按照计划行驶	根据公交系统的实时数据,不断对公交车辆调度计划进行调整
调度人员工作方式	采用人工调度工作方式,纸面作业,工作强度大	以智能调度系统自动调度为主,辅以人工监控,计算机化管理,工作强度小
公交服务水平	不能对公交系统的服务水平进行动态评价和监督	能够实时评价公交系统的服务水平,并根据经营策略进行动态调节
时刻表内容	各时段内线路车辆首、末站时间,车辆发车间隔和线路配置车辆数	公交车辆编号及其到达所有站点的预计时间,车辆发车间隔及行车过程中车头时距,线路需要配备车辆数量及所属车场

5. 公交线路智能调度理论与方法

公交运营调度是公交企业工作的核心部分,它直接影响企业的服务质量和经济效益。根据客流需求确定发车频率可提高公交服务的针对性和有效性,从而改善服务质量,增强公交对城市居民出行的吸引力。同时,公交调度方案的制订还要考虑公交企业的财务成本和运营收入,应尽量以公交服务水平和运营成本总体最优为目标的发车频率规划模型。获取合理的发车时刻是优化公交调度方案、实现科学调度的关键工作之一。它们均以乘客候车时间和车内拥挤程度作为衡量公交服务质量的指标,并兼顾乘客和公交企业的利益,以期获得总体最佳发车频率。但通过分析不难发现,三者的需求是难以统一的,即使能够统一也存在着系数难以确定的问题。

针对上述问题,公交智能调度模型提出了以公交实时服务水平和企业满意度加权平均值最大为总体目标的调度模型。同时,公交智能调度模型还将受到公交通行能力的制约。

其中,乘客实时服务水平采用以下三个参数的加权平均值:候车时间满意度、站点候车空间舒适满意度、车上舒适度。上述参数的满意度通过隶属度函数(由乘客候车时间、候车空间,以及公交车辆车内人数转换)得出。企业满意度则是由企业收益,即客票收入和运营成本之差转换得出。为简化调度过程,同时考虑求得最可行的调度方案,公交线路智能调度方案将按照如下步骤进行。

步骤1:获取公交线路的客流量信息及公交车辆位置信息;

步骤2:对公交线路未来的客流量信息进行预测;

步骤3:对公交车辆未来的行程时间以及到站时间进行预测;

步骤4:根据公交智能调度优化模型,确定未来时间周期内公交车辆的基础发车频率;

步骤5:根据公交企业经验策略,确定是否发跳站车;

步骤6:根据公交车辆实际运营情况,对其自动发送调度指令,实现预定的运营目标。

1) 公交基本信息的获取及处理

(1) 公交客流量数据的获取及处理。

及时、可靠的客流数据是实现调度优化的基础。智能公交管理系统采用自动化的客流量自动计数系统(APC)、IC卡分析技术作为公交客流信息的获取手段。通过这些技术的应用,可以全天候自动统计公交线路的乘客上下车数、车内人数及相对应的时间,由此推算公交线路各断面客流量随时间变化的函数曲线。

当公交智能调度子系统根据客流量实时预测模型的计算,预测出未来公交线路上的客流量需求情况后,就可以根据此客流量预测数据,对线路车辆计划进行进一步的优化。

对于未来时刻的站点乘客到达率,通过乘客客流量信息采集设备搜索的数据,公交智能调度子系统能够预测未来线路各站点公交车辆的下车人数。考虑到出行特征随时间变化的规律性,模型中所需要的车站乘客预计下车人数,可以通过两种方式处理:

①当客流量信息采集系统不能够对乘客的出行OD进行准确分析时,通过客流量检测器(APS)数据,调度子系统能够确定未来各站点公交乘客的下车率,即下车人数占车上总数的比例。

②当乘客公交出行的整个行程OD情况都能够预测时,调度子系统将能够同时预测乘客的起始上车地点,以及其在各站相应的下车人数。

通过上述两种方式,都可以建立公交线路的下车率曲线,其横坐标为时间,纵坐标为下车率,其建立过程与乘客到达率曲线基本相同。

(2)公交车辆行程时间的获取及处理。

公交车辆进入城市道路系统行驶后,即使以相同的车头时距发车,由于受到道路其他车辆的影响及在站点上下车乘客的影响,其车速不可能恒定。因此,公交车辆到达各站点的时间将不再是定值。

智能公交管理系统将根据公交车辆安装的GPS定位数据并结合公交系统历史运营数据,以及周边公交车辆的实时数据,对公交车辆的行程时间进行预测。同时,它还将利用预测的公交站点客流量情况,对公交车辆在站点的停留时间进行必要的修正。

2)模型的建立

公交调度具有所受影响因素多、外部环境复杂、客流变化大等特点,因此建立模型前应对实际情况进行概括和简化。在分析调度实际过程的基础上,作出如下假设:

模型建立与求解

(1)线路客流需求独立,不受相邻线路运行状况的影响。

(2)客流需求独立于发车频率,即不受发车率的影响。

(3)乘客服务服从"先到先服务"的原则,即先到车站的乘客先上车。

(4)乘客均在公交站点候车区域内候车。

(5)站间区间内车辆途中无特殊事件发生。

(6)公交车辆的发车量不超过公交站点、线路、设施通行能力的极限;同一时刻内,车辆发车间隔不变,且全部采用"全程全站"的运行方式。

(7)采用单一票价。

(8)公交车辆车型统一,座位数和最大容量为定值。

(9)乘客在某一站下车人数与车上总乘客数成正比,比例值随时间变化。

(10)沿途各站车辆停车时间与乘客上下车人数成正比。

(11)各时段内乘客能够接受的候车时间为一定值,超过该时间乘客就会产生不满。如:早高峰时段乘客能够接受的等待时间不大于5min,其他时段不超过10min。

(12)各时段内乘客能够接受的候车次数为一次,即乘客在候车中不能一次上车会出现不满情绪。

(13)各站点乘客候车的站点舒适程度与候车区域的人均空间成反比。

3)相邻时段的过渡

通过上述模型可计算出不同时段内发车间隔和发车频率。此时虽然已具备了编制行车时刻表的重要参数,但是,要编制出更为合理的行车时刻表,还需对于相邻两个时段间的转换段发车时间作进一步分析。一般情况下,公交企业采用平均间隔法进行处理,即将前后两时段发车间隔的中间值作为相邻时段的发车间隔值,但它并未考虑客流量与运能间的关系,可能造成运力的浪费或服务水平的降低。针对这种情况,本书采用了平滑间隔法。所谓平滑间隔法就是在时段$j+1$内确定第一辆车的发车时刻时,综合了j和$j+1$两时段的综合需求的最大断面通过量,并且满足平均期望占有量要求,也就是在转换段内设置平均期望占有量而不是均匀间隔。

6. 多因素影响下的智能公交调度技术

在日常公交运营中,车辆的调度除了受到公交通行能力影响外,还会受到其他一些因素的影响,某些情况下其影响作用还十分显著。在对智能公交调度子系统进行改造的过程中,应该考虑将新的、容易量化的影响因素纳入智能公交调度子系统的指标系统。

1)天气状况影响因素分析

城市公交运营状况在特定天气状况下会发生很大的变化,首先是公交车辆自身的行驶状况受到气象条件的影响,其次是人们对于出行方式的选择发生了很大的变化。

对公交运营秩序影响较大的是冰、雪、雨、雾天气。临近上、下班时间时发生天气变化,客流量会突然增加,平峰时间则客流量下降。尤其冰雪天气时,由于雪地路滑,车辆必须减速行驶,从而延长了单程行驶时间,致使周转效率下降,行车间隔增大,导致运输紧张。

(1) 车辆事故。车辆在运行中所发生的事故(事件)主要有以下几种:两车迎面相撞、和前行慢车相撞、和后行快车相撞、和行人相撞、乘客受伤事故、车内发生盗窃事件等,发生这些事故(事件)时,车辆一般都要中断正常的行驶。

(2) 车辆故障。运行中发生的车辆故障主要包括油路故障、电路故障、气路故障、机械故障、传动故障、轮胎故障等。

(3) 道路堵塞。道路堵塞会造成个别车组或若干车辆未能按行车时刻表规定的时间返回总站,这将影响下一次发车,有可能使线路出现大间隔(一般为20min以上)。

(4) 乘客滞留。每逢有重大活动,客流量都会显著增加。这种情况对公交运营的影响比较大。

(5) 服务纠纷。服务纠纷是指驾驶人或售票员与乘客的纠纷,如影响到车辆运行,需要采取调度措施。

(6) 紧急情况处理。紧急情况处理如报警等。

(7) 车辆调出。由于上级要求需要调出若干车辆进行其他作业,从而影响区域内线路的正常运营。

(8) 驾驶人、调度员等人员迟到。

(9) 劳动力不足。这种情况主要发生在驾驶人、乘务员请假或调出时。

2) 多环境下的调度技术

在多环境的复杂情况下,应该根据情况,及时启动临时行车计划或公交调度预案,改变原有的班次安排,以满足居民出行的需求。公交行车时刻表有不同季节的时刻表、不同日期的时刻表。

不同季节行车时刻表是指季节变化,对乘客的乘车规律会产生一定影响,需要调整或重新编制时刻表。我国北部地区冬季气候寒冷,日照时间短,上、下午高峰时间集中,客流量大,平峰客流量较其他季节有所减少。春秋季是旅游、购物的季节,平峰客流量较其他季节大;夏季气候炎热,早晚高峰时段客流量不集中,晚间客流量较大。此外,还有社会上各单位作息时间的变更,中、小学假期等影响因素。在一年中,原则上有春、夏、秋、冬四个季节和寒假、暑假两个学生假期时刻表。

不同日期行车时刻表主要是根据一周内平日、周末、公休日、节假日客流规律的变化而编制。公休日及节假日工作客流量小,游览区、商业区的客流大,平峰时段投入的运力要大于平日。周末主要表现在晚高峰客流量上升的时间早,客流量略大于平日晚高峰的客流量,需提前加车。因此,需要有在不同季节的时刻表中分别编制平日、周末、公休日的行车时刻表。同时,还需编制元旦、春节、清明、"五一""十一"等重要节日的行车时刻表。原线路编制时刻表由线路(车队)的调度组长编制,根据符合客流规律、车辆周转效率、车辆载客均衡以及经济合理地使用车辆等原则,制定了行车时刻表的指标,指标包括载客公里、满载率、工时利用率、班公里、不同时段的车辆单程行驶时间、营业时间、停站时间、换饭时间、极限间隔、配车数、劳动班次(驾驶人配备)、车辆维护、计划晚间首末站的驻车数、平峰实际首末站停站车数等,仅由手工编制时刻表,其工作量相当大,一般需要编2~3天,如区域多条线路共同编制时刻表,其工作量更大。因此,应采用计算机编制时刻表,并通过公交信息采集系统,提供断面客流量、运行速度等编制依据,为编制时刻表打下良好基础。

三、BRT

BRT(Bus Rapid Transit,快速公交系统)是建立在专用道路空间基础上的城市快速公共交通系统,它整合了轨道交通服务的通道专用性和常规公交的灵活性,为乘客提供快速、可靠服务的出行方式。BRT实质上是传统地面公共汽车在车辆技术、基础设施和运营组织等方面的系统改进和提升,以提高公交车辆的运载能力、舒适度、环保性能和视觉效果,使传统地面公共汽车成为一种现代化、中运量的交通方式,同时具有建设成本低、建设周期短、可持续发展的特点。

1. BRT在国内外的发展情况

1974年,巴西库里蒂巴(Curitiba)建成世界上第一条快速公交线,经逐步研究改进,日趋完善。世界上许多城市借鉴库里蒂巴市的成功经验,开发、改良建设了不同类型的BRT,掀起了建设、研究BRT并将其纳入城市公共交通体系的热潮。BRT开创了城市公共交通低成本、中容量、环保高效的城市公共交通业的发展方向。

我国在20世纪90年代开始引入快速公交的概念,1999年4月,昆明建成首条公交专用道,开始了城市运营BRT的实践。BRT是一种高品质、高效率、低能耗、低污染、低成本的公共交通形式,在建设资源节约型、环境友好型社会的背景下,大力发展BRT是落实"公交优先"战略和"节能减排"工作的重要举措,充分体现了以人为本、构建和谐社会的发展理念。

2. BRT服务性能核心要素

决定BRT服务性能的核心要素主要包括6个组成部分,即BRT路权、专用车站、专用车辆、收费系统、智能交通系统和运营组织与管理。

1）BRT 路权

BRT 路权指 BRT 车辆与其他车辆的分隔程度以及专用车道的所处位置。一般可以根据对路权的占用级别，分为 4 个等级：混行车道、路外侧专用车道、路中专用车道和专用道路。

2）专用车站

BRT 专用车站一般修建于专用道路上，采用轨道交通系统的运营模式，通过车外售检票的方式，提高乘客上下车速度、缩短停车时间，从而提高运营速度。

3）专用车辆

BRT 车辆相对于传统公交车辆的改进主要表现在以下几个方面：

(1) 提高车辆的载客能力。

(2) 提高乘客乘坐的舒适性。

(3) 提高车辆运行的安全和可靠性。

4）收费系统

BRT 的收费系统主要分为人工收费与自动收费，可以实现与其他公共交通方式的一票换乘和不同线路间的清分。

5）智能交通系统

BRT 系统应用智能交通技术包括以下几个方面：

(1) 动态调度。通过车辆自动定位技术实现车辆的动态调度，应用收费系统实现客流出行数据的统计。

(2) 辅助车辆驾驶技术。各种车载辅助驾驶技术帮助车辆在路段运行期间保持平稳、快速，精确靠站技术可提高车辆在车站内的停靠准确度。

(3) 信号优先技术。基于智能控制技术和车辆自动定位技术，在交叉口使 BRT 车辆优先通行。

(4) 乘客出行信息服务。在车站、车内提供实时运行信息以及通过互联网、App 等渠道提供 BRT 服务信息。

6）运营组织与管理

高效运行的 BRT 离不开科学的运营组织与管理，主要体现为建立独立的中央调度中心，对纳入 BRT 范围内不同线路的车辆实现统一调度。

3. BRT 智能系统的物理构成

BRT 智能系统的物理构成主要包括车载电子设备、车站电子设备、停车场电子设备、调度中心电子设备、光纤通信和无线通信网络几个部分。

1)车载电子设备

（1）车载综合智能终端：现阶段主要是指具有车辆卫星定位、无线通信外设控制等功能的车载设备。该设备的主要作用是进行车辆实时定位，并将定位数据传送到调度中心；控制语音报站器、电子路牌、信息显示屏、车辆运行位置显示牌等外设工作；与调度中心进行无线通信，包括双向语音、上传和下载数据等。

（2）电子路牌：安装在车头、车尾和车身侧面，为乘客提供线路名、首末站站名、行驶方向等信息。

（3）语音报站器：以语音方式向车上乘客播报车辆即将到达的车站名、行车信息等。

（4）信息显示屏：以文字方式向车上乘客播报车辆即将到达的车站名、行车信息等。

（5）车辆运行位置显示牌：标示线路全部车站、车辆当前位置等。

（6）图像监控设备：采集车门处、车后（外）、车厢内图像信息，供驾驶人进行监视，同时在车上存储图像信息，必要时可将图像信息传输至调度中心。

（7）信号优先申请装置：当车辆接近交叉路口时向交通信号系统发出优先通过申请信号。

BRT车载电子设备的构成如图2-4-2所示。

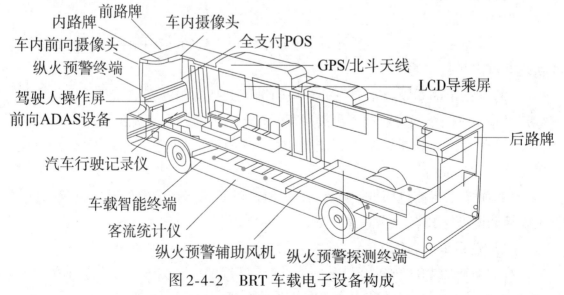

图2-4-2　BRT车载电子设备构成

2)车站电子设备

（1）电子线路牌：电子线路牌上显示公交车辆的到站预报信息，包括线路预报、地点预报和时间预报。

（2）信息显示屏：以文字方式提供下一辆车到达本站的时间、行驶方向、发车类型(区间、快车)等信息;发布各类公共信息,如新闻摘要、政府公告、天气预报、路况信息、财经简讯等。

(3)图像监控设备:采集车站进出口、候车站台、售票窗口、专用车道等车站重点部位的图像信息,通过网络将图像信息传输至调度中心进行监控和存储。

(4)车辆识别设备:自动检测、识别进出站的车辆,通过网络将车号、时间信息传送至调度中心,用于调度监控。

(5)电子检票设备:在车站入口安装符合交通一卡通标准的刷卡机,乘客在车站刷卡付费后进站乘车。

3)停车场电子设备

(1)发车显示屏和广播设备:向候车乘客、驾驶人显示和播报待发车辆的车号、时间等信息。

(2)图像监控设备:采集进出口、候车站台、车辆停放处和其他场站重点部位的图像信息进行监视,并通过网络将图像信息传输至调度中心进行监控和存储。

(3)车辆识别设备:自动检测、识别进出停车场站的车辆,通过网络将车号、进出时间信息传送至调度中心,用于调度监控。

(4)驾乘人员签到和查询设备:安装在休息室,供驾乘人员签到、签退和查询作业、结果等信息。

4)调度中心电子设备

(1)服务器:用于运营调度、乘客信息服务、通信控制、图像监控等应用服务器和存储设备。

(2)运营调度、安全管理终端:用于运营计划、实时调度、安全管理等操作终端。

5)光纤通信和无线通信网络

组建光纤通信骨干网络并连接所有车站、停车场、调度中心的局域网,形成 BRT 智能系统的网络环境,满足 BRT 数据、图像、语音各种信息的传输。利用公众无线通信网络来承载 BRT 智能系统无线通信业务,主要是车辆与调度中心之间的通信,包括车辆定位数据、调度指令、即时服务信息、电话和图像监控信息等。

模拟实验 智能公交行驶实验搭建仿真

一、实验内容

实验内容可扫二维码查看。

二、参考程序与实验效果

参考程序与实验效果可扫二维码查看。

　　实验内容　　　　参考程序　　　　实验效果

三、课后思考

(1) 上网搜寻资料,了解现实中的公交调度运用了哪些相关技术。

_____

_____

(2) 请画出实验公交车辆调度的路线示意图。

_____

_____

(3) 上网搜寻资料,调查现实生活中关于公交调度的案例,了解调度基本组织形式和作业过程,并用思维导图概括描述。

_____

_____

场景五　"移动互联网+"出行

场景导入

　　"以前打出租汽车只能站在路边挥手招停,或者提前打电话给出租汽车公司预约。"市民陈先生说,"明明这种打车方式我用了十几年,但现在回想起来,却有种恍若隔世的感觉。"陈先生口中的路边"扬招"和"电召",曾经是很多人出行的常态,但2014年,一个小小的平台,让这种常态成为了历史。

　　如今想要叫车,只要一部手机、一个App就可以解决一切。在网络预约出租汽车(以下简称网约车)平台中输入你的目的地,发布出行需求,不久便会有车开到你的面前。同时,巡游出租汽车(以下简称巡游车)也不再是唯一的选择,有价廉的顺风车,有实惠的快车,也有高品质的专车服务。几年间,网约车出行方式

不知不觉成为生活的一部分,很多人每天的出行已经离不开网约车。网约车还覆盖城市边缘地区,也就是"城市末梢",在空间上弥补了公交车和巡游车服务不足的区域。

在市民王女士的花呗账单明细中,大量的"网约车打车"字样强烈地展示着它的存在感,"是不是最早一批网约车用户,我不能确定,但自从下载了网约车出行 App 之后,它就没有从我的手机上消失,使用它已经成为我的习惯。"

网约车逐渐走进了人们的生活,乘客"一键预约"出行便捷。社会上有很多类网约车软件(平台),其背后都需要一个完整的网约车"系统"来支撑其服务的实现。这些系统集用户叫车、自动派单、驾驶员接单、行程结算、车辆管理等功能于一体,支持自营专车及汽车金融长尾市场中衍生的专车金融业态,促进传统线下租车公司进行"互联网+"转型,实现线上车辆运营业务拓展,以及新商业模式的扩充提供强大支持,系统功能完善,业务规则/派单模式灵活可配,派单系统高效智能,轨迹跟踪实时精确,运营活动丰富实用。

知识模块一 网约车的技术认知

(1)网约车的发展背景。
(2)网约车"派单"的技术内涵。

一、网约车概述

1. 网约车的相关概念

网约车是互联网时代涌现出的交通运输新业态,它的出现打破了旧有的城市客运市场运行和利益格局。网约车经营服务,是指以互联网技术为依托构建服务平台,整合供需信息,使用符合条件的车辆和驾驶员,提供非巡游的预约出租汽车服务的经营活动。

交通运输部于 2016 年 10 月 21 日发布了《网络预约出租汽车运营服务规范》(JT/T 1068—2016),该标准明确提出了对网约车经营者、其下运营的运输车辆和提供劳务的驾驶员、经营者企业提供的服务流程、驾驶员的服务供应流程以及经营者对服务评价与投诉处理的要求,同时也正式规范了网约车运输服务的相关术语与定义,详见表2-5-1。

网约车运输服务相关术语与定义　　　　表2-5-1

序号	术语	定义
1	出租汽车运营服务	以7座及以下乘用车和驾驶劳务为乘客提供出行服务,并按乘客意愿行驶,根据行驶里程、行驶时间或约定计费的运输经营活动
2	网络预约出租汽车运营服务	企业以互联网技术为依托构建服务平台,并通过网络服务平台接受约车人预约请求,使用符合条件的车辆和驾驶员,提供不在道路上巡游揽客、站点候客的出租汽车运营服务
3	网络预约出租汽车经营者	从事网络预约出租汽车经营服务的企业法人
4	网络预约出租汽车	依法取得《网络预约出租汽车运输证》的车辆
5	网络预约出租汽车驾驶员	依法取得《网络预约出租汽车驾驶员证》的驾驶员
6	约车人	向网络服务平台发送预约用车请求的人,可以不是乘客本人
7	即时用车服务	约车时间和车辆按约定到达上车地点时间的间隔不大于30min的网络预约出租汽车服务
8	订单	约车人通过网络服务平台,向网络预约出租汽车经营者提出的用车需求信息
9	派单	网络预约出租汽车经营者接到订单后,根据约车人需求及所处位置等信息,指派相应驾驶员和车辆提供网络预约出租汽车服务的行为
10	抢单	网络预约出租汽车驾驶员接到网络预约出租汽车经营者推送的订单后,根据自身情况应答接单的行为

续上表

序号	术语	定义
11	甩客	运营途中,未经约车人或乘客同意,网络预约出租汽车驾驶员无正当理由擅自中断载客服务的行为
12	乘客爽约	乘客未按约定乘坐预约车辆,且未提前告知网络预约出租汽车经营者或驾驶员的行为

2. 网约车的发展历史

Uber(Uber Technologies,Inc.),中文译作"优步",是美国硅谷的一家科技公司。2009年,加利福尼亚大学洛杉矶分校辍学的特拉维斯·卡兰尼克和好友加勒特·坎普(Garrett Camp)创立了Uber,因旗下同名打车App而名声大噪。2014年3月12日,Uber在上海召开官方发布会,宣布正式进入我国大陆市场,确定中文名"优步",并与支付宝合作。

在"优步"进入我国之前,2010年5月易到用车在北京成立,率先推出"专车"服务,易到用车成为我国网约车行业的先行者。

网约车行业自2012年以来经历了大概以下三个发展阶段。

第一阶段(2012—2016年):补贴形成市场消费习惯阶段。滴滴、快的以及优步等出行平台展开补贴大战。以教育用户用车习惯、补贴用户及驾驶员为主,属轻资产运营模式。

第二阶段(2016—2018年):平台整合。滴滴并购优步中国后,一家独大,一些规模和能力不足的平台逐步失去竞争力;《网络预约出租汽车经营服务管理暂行办法》(交通运输部令2016年第60号)自2016年11月1日起施行,标志着网约车行业进入规范化时代,随后各城市开始纷纷出台地方的网络预约出租汽车经营服务管理实施细则。

第三阶段(2018年至今):全国各中心城市的交管部门加快推进网约车政策的合规和合法化,汽车制造厂商、各类资金强势进入网约车行业,以高德和美团等为代表的聚合模式强势发力。在聚合平台模式下,一些没有规模化的网约车平台和网约车运营管理企业在头部网约车平台一家独大的局面下看到了新的发展机会。

3. 网约车的分类

1)按照商业模式不同划分

(1)C2C模式。

这是网约车行业初兴起时的典型模式,它孕育了"滴滴"这一行业巨头。C2C

模式以轻资产的优势,整合社会闲置车辆资源,迅速帮助"滴滴"崛起为行业巨头,但是随着其他竞争对手出现,相同模式下的网约车平台开始陷入抢夺驾驶员资源的补贴大战中,也让"滴滴"陷入"烧钱"的漩涡中,"滴滴"也在谋求内部的调整以及自身转型。

(2)B2C模式。

B2C模式即运营车辆产权为企业所有,雇佣专职驾驶员,行业的典型案例有神州专车和曹操专车。在网约车尚未"合法化"之前,B2C网约车平台一直发展缓慢,但随着网约车相关政策的出台,B2C平台迎来了前所未有的机遇,企业自有车辆以及专职驾驶员带来的是比社会驾驶员更好的服务水平和安全保障。但B2C平台仍未撼动"滴滴模式"的主导地位,一方面的原因是产业链"B端"管理上的滞后和笨重,另一方面是驾驶员管理、车辆维护等高成本支出,很难支撑企业快速扩张。

(3)合伙人模式。

在网约车相关政策出台后,一部分平台意识到合法经营对出行平台的重要性,纷纷转头储备自己的牌照(《网络预约出租车汽车经营许可证》)拥有量,通过地市合伙人加入方式,帮助自己快速扩张并且拿到更多城市的运营资质,由此也掀起了网约车行业的夺牌大战。牌照成为网约车平台的硬资产,拥有的牌照越多则意味着有更多瓜分市场的机会,所以网约车行业对各地牌照均趋之若鹜。

2)根据提供运输服务的车辆属性不同划分

(1)快(专)车。

快车定位于大众市场,经济实惠,为大众提供高效、经济、舒适的出行服务,用户群体最广,使用率较高。

专车服务于中高端客群,定位高品质服务,主打中高端商务用车服务市场,乘客素质普遍较高,多为企业管理人员用车,车程一般较长。

(2)顺风车。

顺风车是真正意义上的共享出行,顺路的车主和乘客实现共享车辆出行,从而有效提高车辆利用率,降低能源消耗和空气污染,缓解城市交通高峰期出行压力。根据出行距离远近不同,可细分为上下班顺风车、市内顺风车、跨城顺风车等。顺风车的车辆以私家车为主。

(3)网约出租汽车。

网约出租汽车是巡游车和共享出行的融合,通过"互联网+交通"思维,运用大数据匹配人们的出行需求,改变了以往路边扬招的传统打车方式,让人们的出行更加便捷、高效,同时也帮助出租汽车驾驶员提高了收入。这种模式下,车辆均为出租汽车公司所有,主要是网约平台与传统出租汽车合作,或收购传统出租汽车企业。

4. 网约车出行运营模式

网约车出行模式改变了传统巡游车中乘客被动等待的出行模式,借助网约车平台,以卫星定位技术、电子地图、移动互联网和手机 App 等为依托搭建移动出行服务平台,将线上与线下服务相融合。乘客借助手机 App 自主编制出行"订单",驾驶员根据乘客目的地"接单",从而节约了驾驶员与乘客沟通的成本,降低了车辆空驶率。网约车出行不仅实现了出行业务中服务供应方与服务需求方之间的信息对称,信息透明度高,信息反馈速度快,更实现了方便快捷的多样化支付方式,最终使乘客高品质、多样化、差异性的出行需求得到满足。

用户使用网约车出行,需要用车时,发布需求订单,网约车平台接收需求订单后,立即进行"派单"处理,将需求信息派送到符合要求的驾驶员移动 App 上,同时也将接单驾驶员和车辆信息反馈给用户。驾驶员、乘客双方到约定地点进行接载服务。待服务结束后,乘客通过自己移动设备中的微信、支付宝、网约车账户钱包等途径将服务费用支付给网约车出行平台,平台扣除一定比例的相关费用后,将剩下的钱转到驾驶员的网约车账户中。资金往来全是线上操作,不涉及现金的收付,简便易行。乘客还可在支付结束后进行在线服务评价,反馈用车感受,既便于平台及驾驶员更好地了解用户的需求,进一步改善服务,也可为其他用户提供参考。此外,政府既监管平台的运营,也对驾驶员和乘客进行管控,平台也对驾驶员和车辆进行监管。在模式构建上,乘客的利益与安全是放在第一位的,得到了政府与平台的双重保障。如果在服务过程中发生意外,引起乘客不满,或者损害乘客的利益,乘客可向平台进行投诉,维护自身合法权益。

在互联网技术和派单算法的支撑下,上述响应过程从开始到结束用时很短,3~5min 便可解决乘客用车难、等待久、代驾难找等问题,而对于驾驶员也可扩展搜客视野、降低空载率、增加收入,从而实现驾驶员、乘客双方的信息对称。

二、网约车的核心技术——派单

毕马威发布的《中国领先汽车科技企业 50》报告中指出,预计到 2025 年,网约车会变成一种主流的出行方式。我们在离不开网约车的同时,也会引发一系列的思考:网约车平台到底是怎么实际运营的?如何实现匹配订单?平台到底是如何派单的呢?

派单(订单分配),即是在派单系统中将乘客发出的订单分配给在线驾驶员网约车体验比在沿路打巡游车体验好,不仅是因为可以在室内等车,还因为叫车速度快,只需 3~5min 车就在约定位置等待接驾。这比起在烈日下站 10 多分钟也打不到车的体验要好得多。要达到 3~5min 的等待时间,需要有高密度、覆盖广的运力和强大的派单系统,快速合理地计算出哪一辆车、以什么路线行驶能更快地接载到乘客。

3~5min 的派单距离对驾驶员也同等重要。驾驶员完成一个订单包含了接单距离与行程距离,其中只有行程距离才计费,接单距离与行程距离比例过高,会导致驾驶员浪费过多时间在接单过程,降低效率。

早期网约车采用直线距离(没有计算堵车、单行道因素)派单系统,主要以距离最近因素考虑派单,后来随着地图技术的进步,逐渐改为 ETA 派单系统。ETA 代表 estimated arriving time,即根据实时地图,考虑堵车、单行道等因素计算出预计到达时间。ETA 派单技术对地图和算法要求极高,因为考虑的实际交通路况可以很复杂,因此,派单系统(算法)是网约车行业的核心技术,同时也是高效运营的基础。

1. 几种情况下的订单分配问题

派单是一个看似简单,但实际上涉及问题很多的流程,并不是简单地将乘客 A 的订单分配给离乘客 A 最近的驾驶员就是最好的。

实际上,目前网约车的派单算法最大的原则就是"就近分配"(70%~80% 的订单会分配给最近的驾驶员)。但是如果只按照就近分配、先到先得的策略,却无法满足平台所有乘客和驾驶员的诉求,因为如果网约车平台只基于当前时刻和当前局部的订单来进行决策,就会忽视未来新的订单和驾驶员的变量,也会忽略与目标区域相邻的其他区域甚至整个城市的出行需求。

一般情况下,在网约车平台上,每一个时刻,都有 N 个订单被乘客创建出来,同时又有 M 位驾驶员(空载)可以被网约车平台进行匹配用于"响应"这 N 个订单,网约车平台能够根据派单算法引入驾驶员实时的地理位置坐标,以及所有订单的起终点位置,并且标注每一位驾驶员接到订单的实时导航距离。

1) 1 个订单和 1 位驾驶员

如图 2-5-1 所示,在处理这种需求时,网约车平台直接把这个订单指派给这位驾驶员就可以了。但为什么有时候会出现附近有辆空车却不能指派的情况呢?因为实际上"平台"要考虑的并不是只有"空载"这

图 2-5-1　1 个订单 1 位驾驶员分配示意图

一决定性的变量,其他变量还包括:驾驶员正好网络出现故障,或者正在和客服沟通等导致其无法听单,或者并不是所有的车都能够符合服务该订单的要求,所以要考虑最基本的策略是用人工设定的规则过滤这些变量。举几个最基础的规则的例子:

(1)快车驾驶员不能接专车订单。

(2)保证驾驶员接单后不会通过限行限号区域。

(3)为设定实时目的地的驾驶员过滤不顺路区域。

(4)为只听预约单的驾驶员过滤实时订单。

(5)同一个订单只会发给一位驾驶员一次。

这些规则并不会造成分单时不公平的效果,反而是为了业务能正常开展而设立的,这些策略承担着保证业务正确性、合理性的重要职责。

2)1个订单和2位驾驶员

假设这2位驾驶员都符合条件能分配到这个订单,那么网约车平台该如何分配呢?

第一种情况,如图2-5-2所示,同一时刻下,这2位驾驶员和订单的距离都完全一样。平台订单分配最大的原则是就近分配,当距离完全一样的情况下,平台会主要考虑驾驶员服务分的对比,服务分较高的驾驶员会取得这个订单(服务分对派单的影响,可以按一定规则折算换成距离的优势)。平台用的是地图的导航距离,而非人直观看到的直线距离,有时候差一个路口就会因为需要掉头导致距离差异很大;并且如果驾驶员的定位出现问题,也会出现派单过远的情况。

图2-5-2　1个订单2位驾驶员分配示意图

第二种情况,如果A驾驶员离得近,B驾驶员离得远。理想状态下,根据就近分配的原则,A驾驶员会被分配给接受订单。但是,实际情况会更为复杂多变。例如当订单发出时,B驾驶员已经在线并空闲,但是A驾驶员还没有出现(没有上线,或者还在送乘客等常见情况),过了1s,离得更近的A驾驶员突然出现加入可被分单的名单,如果平台使用先到先得的策略,那么B驾驶员就会被分配接受这个订单,但同时却违背了平台就近分单的原则。

3)N位乘客、M位驾驶员

网约车平台还要考虑最复杂的多对多情况(图2-5-3),这也是平台每天高峰期都需要面对的挑战。假设这时候平台上有20位乘客,有20位驾驶员,这些乘客都可以被这20位驾驶员中的一个接驾,网约车平台需要把这20位乘客都分配出去,并且让大家总体接驾的时长最短。但如果用单纯的数学解法,会存在20^{20}种可能解法,这个数巨大无比,因此这里需要更聪明的"算法"。

图2-5-3　　N位乘客M位驾驶员分配示意图

4) N个乘客、N个驾驶员,一会再来几个乘客和驾驶员

网约车平台不仅需要当前时刻的分配最优方案,还要考虑在未来变量的影响下的最优方案,新出现的驾驶员和乘客会在整个分配的网络中实时插入新的节点,如何更好地进行分配也就会出现新的变化。所以如何考虑时序对网约车平台非常重要,这个问题在业内被称为Dynamic VRP问题,其中Dynamic即随时间时序变化的意思。因此,网约车的派单问题远比物流行业相对静态的货物和路线规划问题要复杂。假设知道了未来供需的完全真实的变化,系统就有可能利用1倍的运力完成2~5倍的需求量。所以派单问题的难点在于未来供需不确定性和用户需求的随机性。

2. 派单算法策略

要研究派单的算法,首先要了解网约车平台的派单逻辑。系统派单是以订单发起位置以及车辆所在位置之间的路面距离判定作为第一个引入变量,派单动作全部由电脑模型在精准大数据支撑下自动完成,人工无法介入完成派单动作。乘客发起一个订单后,网约车平台就会开始统计附近所有车辆信息,然后对车辆条件进行过滤筛选,随后计算出车辆与乘客之间的距离,选择最近距离的车辆进行订单匹配,这样,一个订单的应答就完成了。

目前派单策略主要的原则是:站在全局视角,尽量去满足尽可能多的出行需求,保证乘客的每一个叫车需求都可以被更快、更确定地满足,并同时尽力去提升每一位驾驶员的接单效率,让总的接驾距离和时间最短。

策略会站在全局的角度去达成全局最优,但这样对于每一个独立的需求来看,派单就有可能不是"局部最优"。

1) 批量匹配(全局最优)

派单策略中最为基础的部分,就是为了解决上一节所提到的"时序"问题。"全局最优"或者"延迟集中分单"是所有类似派单系统为了解决"时序"问题的最基础模型,在 Uber 中称为 Batching Matching。这个"策略"非常直观,由于用户订单的产生和驾驶员的出现往往并不在同一时间点,在时间维度上采用先到先得的分单方式(即每个订单出现时即选择附近最近的驾驶员派单)并不能获得全局最优解。于是,就先让乘客和驾驶员稍等,待收集了一段时间的订单和驾驶员信息后,再集中分配。这样,有了相对较多、较密集的订单、驾驶员后,派单策略就可以找到更近更合理的派单方案。找寻驾驶员和订单分配的全局最优是一个"二分图匹配问题"(bipartite graph matching),一边是乘客、一边是驾驶员,可应用运筹优化中各种解决 Matching 问题的方法进行求解。

采用批量匹配的模式和"把离订单 A 最近的驾驶员派给订单 A"的"就近派单模式"并不矛盾,平台也是寻求"乘客接驾时长最短"的最优解,大多数情况下也是指派离"订单 A"最近的驾驶员,但充分满足每一位乘客的"把离订单 A 最近的驾驶员派给订单 A"的个体需求,有些时候反而会导致部分乘客的需求无法得到满足,比如说下面这种情况。

如图 2-5-4 所示,当编号 1 和 2 的两个乘客同时叫车,如果完全按照"就近派单"的模式,虽然可以让 1 号乘客先被接单,但是 2 号乘客会因为接驾距离较远,导致等待时间变长,甚至因为最近的驾驶员超出平台派单距离,导致 2 号乘客叫不到车。1、2 号乘客总等待时长 15min,平均等待时长 7.5min。

因此,平台采取的策略是把距离较远的 2 号车派给 1 号乘客,把 1 号车派给 2 号乘客。这种分配下,1 号乘客和 2 号乘客,平均等待时长缩短为 5min,比就近派单缩短了 2.5min,总等待时长缩短为 10min,比就近派单缩短了 5min,如图 2-5-5 所示。

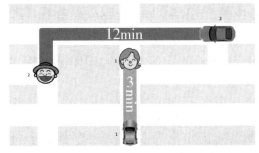

图 2-5-4 乘客同时叫车示意图

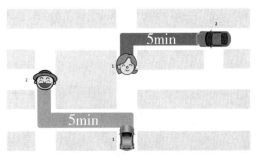

图 2-5-5 平台策略示意图

通过提升全局的效率,才能实现让更多乘客的需求得到满足的目标。

2）基于供需预测的分单

批量匹配的方法，理论上能够保证那一个批次的匹配是最优的，但是这样是不够的。该方法存在的最大问题在于用户对系统派单的响应时间容忍度是有限的，很多情况下短短的几十秒可能就会使用户对平台丧失信心，从而取消订单。所以，平台只会累积几秒的订单和驾驶员信息进行集中分单，而这在大局上来说仍可近似看作时间维度上的先到先得策略。如果想即时获得最优派单结果，唯一的方法是利用对未来的预测，即进行基于供需预测的分单，其实核心内容是：如果平台能预测出未来一个区域更有可能有更多的订单，那么匹配时就让这个区域的驾驶员更多去等待匹配这一个区域的订单。

3）连环派单

基于供需预测的分单具有很大的意义，但由于预测的不确定性，其实际效果很难保证。为此，平台使用了一种更有确定性的预测方式来进行派单，即连环派单。

连环派单即将订单指派给即将结束服务的驾驶员，条件为驾驶员的终点与订单位置很相近，如图 2-5-6 所示。

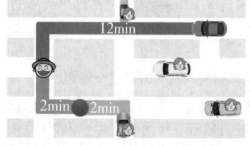

图 2-5-6　连环派单示意图

与预测订单的分布相反，连环派单预测的是下一时刻空闲驾驶员的所在位置。由于高峰期空闲驾驶员多为驾驶员完成订单后转换而来，预测驾驶员的位置就变成了一个相对确定性的问题，即监测驾驶员到目的地的距离和时间。当服务中的驾驶员距终点很近，且终点离乘客新产生的订单也很近时，便会命中连环派单逻辑。驾驶员在结束上一单服务后，会立刻进入新订单的接单过程中，这样便有效地压缩了订单的应答时间以及驾驶员的接单距离。

4）影响派单的其他非算法因素

（1）系统派单需要接收到驾驶员所在的位置并输出订单，若驾驶员在出车期间网络状态不佳，会导致数据无法上传或下载，导致驾驶员"听"不到单。使用移动网络拨打电话、行驶到信号较差的区域、出车时大量使用其他占用网络资源的软件或功能，都可能影响听单的网络环境。

（2）账户状态是指驾驶员账户是否存在封禁、限行、听单模式设置及服务分相关问题。若账户处于封禁状态，驾驶员便无法正常出车；若存在尾号限行，不符合新政要求等问题，也会影响驾驶员正常听单；驾驶员如果将听单模式设置为接顺路单、不接机场单等，系统将转派满足驾驶员设置条件的订单。

(3)地区订单热度指驾驶员所在区域订单量与驾驶员运力差值,热度越高,表示乘客需求与驾驶员运力差值越大,建议驾驶员前往接单。完成订单之后,可重新查看热力图,到高等级热力区域等待订单,这样接单的概率会大大增加。

3. 网约车平台公司经营行为的要求

网约车平台公司承担承运人责任,应当保证运营安全,保障乘客合法权益。应当保证提供服务车辆具备合法营运资质,技术状况良好,安全性能可靠,具有营运车辆相关保险,保证线上提供服务的车辆与线下实际提供服务的车辆一致,并将车辆相关信息向服务所在地出租汽车行政主管部门报备。应当保证提供服务的驾驶员具有合法从业资格,按照有关法律法规规定,根据工作时长、服务频次等特点,与驾驶员签订多种形式的劳动合同或者协议,明确双方的权利和义务。网约车平台公司应当维护和保障驾驶员合法权益,开展有关法律法规、职业道德、服务规范、安全运营等方面的岗前培训和日常教育,保证线上提供服务的驾驶员与线下实际提供服务的驾驶员一致,并将驾驶员相关信息向服务所在地出租汽车行政主管部门报备。网约车平台公司应当记录驾驶员、约车人在其服务平台发布的信息内容、用户注册信息、身份认证信息、订单日志、上网日志、网上交易日志、行驶轨迹日志等数据并备份。

网约车平台公司应当公布确定符合国家有关规定的计程计价方式,明确服务项目和质量承诺,建立服务评价体系和乘客投诉处理制度,如实采集与记录驾驶员服务信息。在提供网约车服务时,提供驾驶员姓名、照片、手机号码和服务评价结果,以及车辆牌照等信息。应当合理确定网约车运价,实行明码标价,并向乘客提供相应的出租汽车发票。

网约车平台公司不得妨碍市场公平竞争,不得侵害乘客合法权益和社会公共利益。网约车平台公司不得有为排挤竞争对手或者独占市场,以低于成本的价格运营扰乱正常市场秩序,损害国家利益或者其他经营者合法权益等不正当价格行为,不得有价格违法行为。应当在许可的经营区域内从事经营活动,超出许可的经营区域的,起讫点一端应当在许可的经营区域内。

网约车平台公司应当依法纳税,为乘客购买承运人责任险等相关保险,充分保障乘客权益。应当加强安全管理,落实运营、网络等安全防范措施,严格数据安全保护和管理,提高安全防范和抗风险能力,支持配合有关部门开展相关工作。

网约车平台公司和驾驶员提供经营服务应当符合国家有关运营服务标准,不得途中甩客或者故意绕道行驶,不得违规收费,不得对举报、投诉其服务质量或者对其服务作出不满意评价的乘客实施报复行为。通过其服务平台以显著方式将驾驶员、约车人和乘客等个人信息的采集和使用的目的、方式和范围进行告知。未经信息主体明示同意,网约车平台公司不得使用前述个人信息用于开展其他业务。采集驾驶员、约车人和乘客的个人信息,不得超越提供网约车业务所必需的范围。除配合国家机关依法行使监督检查权或者刑事侦查权外,网约车平台公司不得向任何第三方提供驾驶员、约车人和乘客的姓名、联系方式、家庭住址、银行账户或者支付账户、地理位置、出行线路等个人信息,不得泄露地理坐标、地理标志物等涉及国家安全的敏感信息。发生信息泄露后,网约车平台公司应当及时向相关主管部门报告,并采取及时有效的补救措施。

网约车平台公司应当遵守国家网络和信息安全有关规定,所采集的个人信息和生成的业务数据,应当在中国内地存储和使用,保存期限不少于 2 年,除法律法规另有规定外,上述信息和数据不得外流。不得利用其服务平台发布法律法规禁止传播的信息,不得为企业、个人及其他团体、组织发布有害信息提供便利,并采取有效措施过滤阻断有害信息传播。发现他人利用其网络服务平台传播有害信息的,应当立即停止传输,保存有关记录,并向国家有关机关报告。应当依照法律规定,为公安机关依法开展国家安全工作,防范、调查违法犯罪活动提供必要的技术支持与协助。

任何企业和个人不得向未取得合法资质的车辆、驾驶员提供信息对接开展网约车经营服务。不得以私人小客车合乘名义提供网约车经营服务。网约车车辆和驾驶员不得通过未取得经营许可的网络服务平台提供运营服务。

知识模块二　共享单车认知

知识点

共享单车"智能锁"的运作方式。

一、共享单车发展历程

2015 年,随着共享经济理念兴起,共享单车开始出现,它似乎一夜之间改变了人们的出行生活,各种五颜六色的自行车,成为城市一道靓丽的"风景线"。但如果从具有共享理念的公共行车的出现开始计算,共享单车出行其实已经经历了 50 多年的发展。

第一代共享单车出现在 1965 年,其概念起源于荷兰阿姆斯特丹,称为"白色

自行车"计划,采用的是普通自行车,为纯政府公益项目,免费且不设站点,随用随还。这一项目普遍被认为是世界上最早的公共自行车系统起源。但是最后由于损坏、偷盗等问题不断出现,该项目被迫停止。第二代共享单车出现在1995年,这一批公共自行车出现在丹麦哥本哈根,为了加强监管,首次设置了固定桩式站点,引入了"使用押金"的运营方式,还车时退回押金。第三代共享单车出现在1998年,当时的欧洲公共自行车租赁行业开始采用计算机、无线通信和互联网技术,实现了对公共自行车租赁的数字化管理和运营。该类型的自行车采用定制化设计的车辆,设有固定桩式的站点,使用智能卡(需提供个人信息注册)取车,前30min免费使用,超出时间收取少量费用。第四代共享单车出现在2016年,随着移动互联网的快速发展,以"ofo""摩拜"为首的互联网共享单车应运而生,带动了共享经济的潮流,更加便捷的无桩共享单车开始取代有桩共享单车。

共享单车是共享经济下的新型产物,主要从事打通"最后一公里"出行设备租赁的业务。我国的共享单车市场经历了4个发展阶段。第一阶段:在相对封闭的大学校园里,出现以个体租赁经营模式出现的自行车付费共享出行;第二阶段:引进国外的公共单车模式,由政府实施,分城市统一管理,多为有桩自行车,其中以杭州公共自行车为代表;第三阶段:出现专门经营单车的私人企业,以承包的模式进行,单车仍以有桩为主流,这阶段中最具代表性的就是永安行;第四阶段:以"ofo"为首的"互联网+无桩共享单车"是我国当代共享单车出现的标志。"ofo"是国内首家共享单车公司,首创了无桩共享单车的出行模式,由北大毕业生与4名合伙人以"校园单车"模式为基础创建于2014年。用户主要以在校大学生和年轻的上班族为主,主要满足用户上下班、购物、短途出行、旅游等需求,单车主要投放在一、二线城市的人口密集区域,如学校、公交站、地铁站等地点,给使用者提供最便捷和"绿色"的"最后一公里"出行方案。

二、共享单车技术简介

1. 共享单车技术路线

共享单车发展的初衷是为了方便民众的出行,解决"最后一公里"的出行问题,为短途出行提供便利。我国共享单车的发展与移动互联网、智能手机、移动支付、App、定位技术、物联网等技术的发展和普及密切相关,但是在具体的发展过程中,以"ofo"和"摩拜"为代表的初创企业选择了不同的技术方案,出现了按次计费机械锁的"ofo"和按时计费智能锁的摩拜单车。

摩拜提供的首个方案,具有单车质量好、损耗低、安装按时计费智能锁、提高定位和搜寻服务等优点，但也存在着成本高、押金高、座椅不可调方面太重不太方便骑行等问题。一方面其质量和不错的用户体验吸引了一大批忠实客户，另一方面由于成本高昂，导致单车的更新速度较慢，标准高但升级不便，一旦投放市场不合理，会造成大量损失。

在"ofo"的首个方案中，单车车身轻便、押金低、安装按次计费机械锁、成本低，但是损坏率太高，制造成本的降低并未降低企业实际成本，大量资金用于维修和补充新的车辆。定位技术的缺失，增加了管理难度，用户体验不及摩拜。在后续的升级博弈中，两种方案取长补短，但市场最终证明了摩拜模式的成功，这使得"ofo"不得不改变自己原有的收费模式和单车锁。此后，安装按时计费智能锁成为现存共享单车使用的主流技术方案。

2. 共享单车"智能锁"的构成

关于共享单车的技术核心——智能锁，从第一代摩拜方案的短信解锁和第一代"ofo"方案的手动机械解锁，快速迭代发展到现在主流的智能锁，其具备蓝牙解锁、电子围栏、预约等新增的功能，智能锁核心技术和基础的功能已经基本确定下来。目前，智能锁基本都是由控制、通信、感知、执行、供电等几大模块组成。

智能锁主要功能模块如下：

（1）控制芯片（单片机）：是智能锁系统的控制中枢，整体负责通信、车锁控制和状态信息收集。

（2）移动通信芯片（Modem）：内置无线通信运营商的Sim卡，负责通过移动互联网与云端应用后台进行双向通信。

（3）蓝牙通信模块：主要用于连接用户手机并实现解锁，也与实现电子围栏的应用有关。

（4）GPS通信模块：提供卫星定位信息，用于寻车、管理、线路规划等功能。

（5）车锁传感器：感知车锁的开、关状态，并将车锁状态信息向控制芯片上报。

（6）车锁执行器：控制芯片通过执行器对车锁进行开、关操作。

（7）蜂鸣器：用于开关锁、异常状态等的发声报告。

（8）电源模块：包括电池、充电模块（芯片）、充电装置（太阳能电池板、电机和测速传感器等）。

3. 智能锁动作流程

共享单车智能锁的操作应用，主要是通过"单车锁—移动互联网—云端应用—手机"之间的信息传递来实现的，其中最关键的是解闭智能锁的过程。目前，以蓝牙模式和短信或流量模式较为普遍。

1)蓝牙模式

用户手机上安装 App,扫描车身二维码识别后,蓝牙芯片通过共享手机的 GPS 定位,获得共享单车的位置信息,并把信息传输给云端平台。后台管理系统向用户手机中安装的 App 发送开锁指令,用户手机接收到后台管理系统的指令后通手机蓝牙对共享单车蓝牙进行控制开锁。

(1)蓝牙模式解锁流程。

蓝牙模式解锁流程如图 2-5-7 所示。

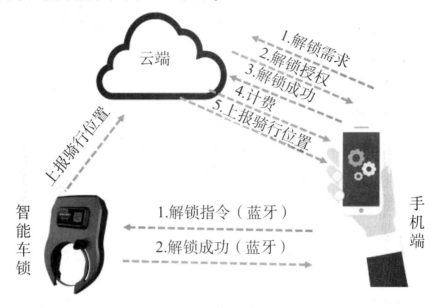

图 2-5-7　蓝牙模式解锁流程

步骤 1:手机扫描单车上二维码,而后通过移动互联网向云端发起解锁请求(请求中会携带扫码单车的 ID 信息及用户个人账号信息)。云端对用户信息、单车信息进行核查,然后将授权信息发送给手机。

步骤 2:用户通过手机蓝牙接口将解锁指令和授权信息传递给单车的智能锁,智能锁核验授权信息后解锁,并将解锁成功的信息回传手机。

步骤 3:手机将解锁成功的信息回复给云端,云端开始给用户计费。

步骤 4:在用户骑行过程中,单车和手机 App 会将各自的 GPS 定位信息上报云端应用,记录轨迹及使用时间。

(2)蓝牙模式锁车、还车流程。

蓝牙模式锁车、还车流程如图 2-5-8 所示。

步骤 1:用户锁车后,由智能锁通过蓝牙通知手机"还车成功"。

步骤 2:手机随即通知云端"还车成功",云端将费用结算信息回送到手机(用户)。

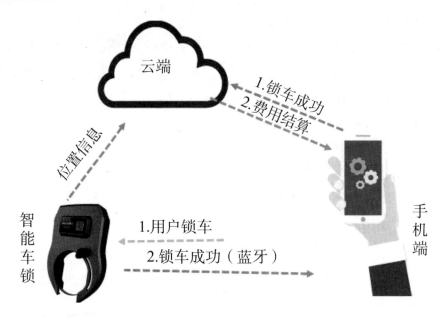

图 2-5-8　蓝牙模式锁车、还车流程

步骤3：智能锁在用户还车后上报位置信息。

2）短信或流量模式

安装这种组合模块的智能锁的信息传递方式如下：共享单车智能锁的中心控制单元通过 GPRS（General Packet Radio Service，通用无线分组业务）无线通信模块与后台管理系统进行连接，把从 GPS+BDS 模块获取的位置信息发送给后台管理系统，同时支持上传单车智能锁的电量信息。后台管理系统通过共享单车 GPRS 无线通信模块向中心控制单元发送解锁指令，中心控制系统接收到后台发送的解锁指令后，通过 GPIO（General-Purpose Input/Output，通用型主输入/输出）接口控制机电锁装置（电磁锁）进行开锁。当用户使用完，锁车时会触发电子控制模块的锁车控制开关，然后中心控制单元通过 GPRS 无线通信模块通知后台管理系统车辆为锁车状态，后台确认成功后进行计费。

（1）短信或流量模式的解锁流程。

短信或流量模式的解锁流程如图 2-5-9 所示。

步骤1：手机扫描单车上二维码，而后向云端发起解锁请求。

步骤2：云端完成对用户和单车的信息核查，并将解锁指令发送给单车智能锁，智能锁开启后向云端回复"解锁成功"。

步骤3：云端通知用户手机，并开始计费。

步骤4：在用户骑行过程中，单车和手机 App 会将各自的 GPS 定位信息上报云端应用，记录轨迹及使用时间。

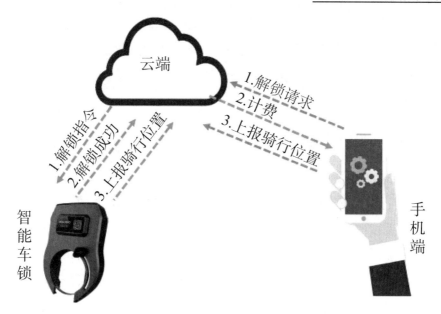

图 2-5-9　短信或流量模式的解锁流程

（2）短信或流量方式的锁车、还车流程。

短信或流量方式的锁车、还车流程如图 2-5-10 所示。

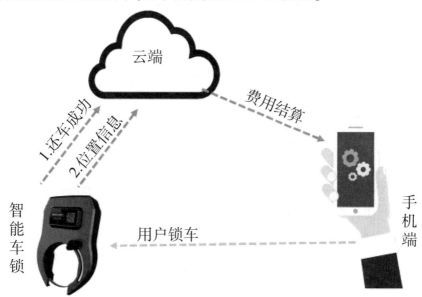

图 2-5-10　短信或流量方式的锁车、还车流程

步骤 1：用户锁车后，由智能锁通知云端还车成功。

步骤 2：云端随即通知用户手机并进行费用结算。

步骤 3：智能锁在用户还车后上报位置信息。

现在主流的智能锁都会配备 GPS 定位的功能，以方便企业获取单车位置和移动路径；智能锁加上蓝牙解锁的功能，减少运营商网络的通信流量和连接的不确定性,同时还能更省电;单车企业使用电信运营商的 NB-Iot 网络接入方案,一方面降低智能锁通信的耗电量,另一方面增加连接可靠性,更利于资产的状态跟踪;研发、测试、试运行各种电子围栏的解决方案,配合市政要求解决单车在公共场所乱停放的问题。

三、共享单车的管理问题

共享单车的迅猛发展让市场很快趋于饱和状态,政府需要制定共享单车的市场准入规则,提高准入门槛,在单车企业入市前对该企业进行评估,在资金储备、技术革新能力、发展前景等各项指标达到一定的水平后才能进入市场,并且规定单车的投放数量,以促进公平竞争和减少资源的浪费。同时可以与交通协管部门或者企业合作,要求城管或企业选派人员对单车的摆放秩序进行维护。

1. 杭州模式

2017 年,杭州市互联网自行车规范管理工作领导小组办公室发布了《杭州市促进互联网租赁自行车规范发展的指导意见(试行)》(以下简称《杭州指导意见》)。《杭州指导意见》提出四大措施规范共享单车管理。

(1)分级管理。

在《杭州指导意见》中,这批依托互联网实现租借、盈利的单车,被官方定名为"互联网租赁自行车",简称"互联网自行车"。互联网自行车在爆炸式增长过程中,最突出的问题就是无序停放。针对此问题,《杭州指导意见》提出了"政府管理平台、平台管理车辆"的分级管理模式。

(2)专人维护。

在平台方面,各企业被要求做到"利用信息技术优势加强对车辆停放的管理,配备维保人员做好对车辆技术质量的管理"等事项。参照公共自行车有固定停车位,每 70 辆单车配 1 名维护人员的配置,同时考虑互联网自行车的不固定性,规定每 80 辆车配 1 人维护。《杭州指导意见》明确,维护人员必须是全职的,除了要做好车辆本身的维护工作,还要负责车辆有序停放。

(3)强制更新。

《杭州指导意见》中对互联网自行车作了几项规定:必须具备定位功能,且能被精确查找;车身不得有广告;投放的车辆至多使用 3 年,必须被强制更新。《杭州指导意见》还要求企业根据车辆投放的规模,配套相应的停放区和调度场地。从规范硬件入手,避免车辆无处停放的情况。通过设置"电子围栏"来引导用户将车停入规定区域。

(4)总量调节。

《杭州指导意见》明确,杭州对互联网自行车的管理将"不实行总量控制、发挥市场资源配置作用,由市场调节运力(投放)",但政府部门依然会引导投放总量:首先,主管部门会通过对运力的动态监测(供需关系),对企业进行投放指导。其次,城市管理委员会已经在编制、实施城市非机动车停放区域设置导则,划定停车泊位。

2. 上海模式

2018 年,《上海市鼓励和规范互联网租赁自行车发展的指导意见(试行)》(以下简称《上海指导意见》)出台。《上海指导意见》分为"总体要求、设施配建、引导发展、强化管理、完善保障"5 个方面,共 24 条。总体思路是以市场化为基础,以"积极引导、注重有序、强化安全、加强协同"为基本原则,从"加强配套设施建设、引导企业规范发展、强化行业管理、建立保障机制"4 个方面,综合运用"条件审查、总量调控、质量检验、资金监管、信用管理、违规处罚、加强宣传"等措施,加强行业规范引导,达到城市安全、有序、干净和行业稳定、健康、持续的总体目标。为加强互联网租赁自行车共管共治,形成合力协同管理,《上海指导意见》重点对政府、企业、用户的各自职责进行了明确。政府方面,市级层面加强统筹指导,有关职能部门根据各自职责加强协同配合;区级层面加强属地推进落实,统筹做好慢行交通设施建设和车辆投放及停放等管理;街镇层面利用城市网格化管理平台,加强车辆停放点设置与日常管理以及停放秩序管理。企业方面,履行服务和管理的主体责任,遵循行业标准条件,科学制订投放计划,管理约束用户行为,建立车辆管维机制,做好现场停放管理,保证信息资金安全。用户方面,自觉依法守约,文明骑行,规范停放。

3. 成都模式

为促进共享单车健康发展,成都出台了《成都市共享单车运营管理服务规范(试行)》(以下简称《规范》)和《成都市共享单车服务质量信誉考核办法(试行)》(以下简称《办法》)并实施运行,根据考核结果减少单车企业投放份额或责令其退出市场。

《规范》包括运营企业车辆及设施设备管理、车辆投放、停放和调度等管理规范共 33 条,是对共享单车运营企业进行服务质量信誉考核的重要依据;《办法》则明确了共享单车服务质量信誉考核等级、考核程序、奖惩措施等 5 个方面的具体事项。其中,考核等级共分为优良、合格、基本合格和不合格等 4 个等级;考核指标包括企业自评、政府评价、社会评价、加分项目等 4 大类。考核每年进行一次,由考核委统一组织,采取企业自评、政府评价和社会评价相结合的方式。最终考核结果为考核委认定的政府部门考核和第三方机构调查的综合得分,并向外界发布。《办法》规定,考核结果作为奖惩运营企业的重要依据。

共享单车的发展是对科技与互联网技术的运用与创新,是新时代发展的需要也是新时代发展的必然趋势,对社会环境保护和制造业转型升级等方面具有一定的促进作用。但是作为一种新兴的产业,必定会带来许多新的问题,企业的运营管理制度体系跟不上、政府监管不到位、用户素质不高、各方面责任意识不强都会对共享单车的发展造成阻碍。共享单车企业与政府也还需要进一步合作,政府把企业当作是推进公共设施建设,由政府规范共享单车的发展,防止企业的恶性竞争,实现企业发展的初衷;企业将政府看作实现市场有限运行的最强有力保障,这样共享单车才能真正地走得更远。

模拟实验一　网约车派单小实验

一、学习目标

了解网约车 KM 算法的基本原理。

二、学习任务

通过进行网约车派单小实验,熟悉网约车派单的基本算法。

三、实验步骤

1. 背景资料

现在,我们来做一个网约车派单的小实验。针对实验,我们提出如下假设:
在某一时段,网约车平台上,有 A、B、C 三辆车,同时也有三位乘客发起了订单 a、b、c。

如果车辆(驾驶员)和乘客(订单)之间有线相连,则代表车辆(驾驶员)符合这个乘客(订单)要求,能接单。

连线上的数字代表每位驾驶员(车辆)对相应的乘客(订单)的服务效率,数字越大效率越高。

那么,如何分派订单才是一个"最优匹配",使得这一组别的网约车运营效率最高呢?

如图 2-5-11 所示,车辆(驾驶员)A 符合乘客(订单)_____要求;车辆(驾驶员)B 符合乘客(订单)＿＿＿＿＿要求;车辆(驾驶员)C 符合乘客(订单)＿＿＿＿＿要求。

操作步骤

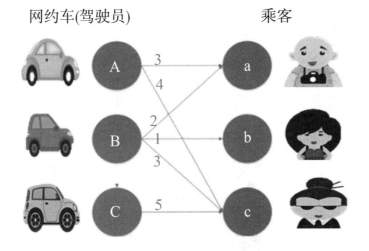

图 2-5-11　网约车派单小实验示意图

2. 利用 KM 算法实现"最优匹配"

操作步骤可扫描二维码查看。

请同学们完成实验结果的填写,网约车运营效率最高的"最优匹配"订单分配方式为:

(1)车辆(驾驶员)A:＿＿＿＿＿＿＿＿＿＿＿＿＿＿＿＿＿＿＿＿＿＿＿＿＿

(2)车辆(驾驶员)B:＿＿＿＿＿＿＿＿＿＿＿＿＿＿＿＿＿＿＿＿＿＿＿＿＿

(3)车辆(驾驶员)C:＿＿＿＿＿＿＿＿＿＿＿＿＿＿＿＿＿＿＿＿＿＿＿＿＿

(4)网约车运营效率:＿＿＿＿＿＿＿＿＿＿＿＿＿＿＿＿＿＿＿＿＿＿＿＿＿

3. 实验小结

实验中,冲突一共发生了 3 次,所以我们一共降低了 3 次效率值,但是我们每次降低的效率值都是最少的,所以我们完成的仍然是最优匹配。这就是 KM 算法的整个过程,整体思路是:每次都为一辆车匹配最大权重路径,利用匈牙利算法完成最大匹配,最终完成的就是最优匹配。

模拟实验二　共享单车"智能锁"

一、学习目标

掌握"智能锁"相关的功能及其基本模块类型。

二、学习任务

通过一次共享单车的使用过程,了解共享单车的相关知识。

三、实验步骤

1. 掌握"智能锁"的功能模块

标识智能锁的各个功能模块,分别填入图 2-5-12 所示方框中。

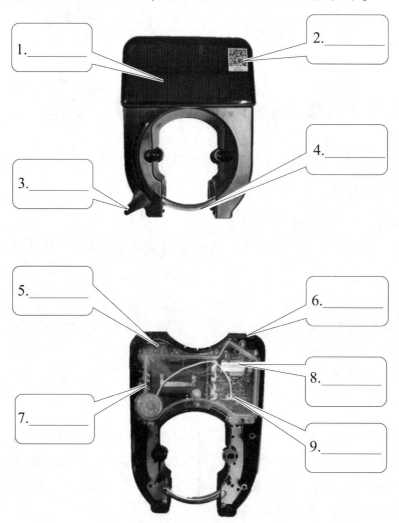

图 2-5-12　智能锁的各功能模块

2. 小组活动:记录一次共享单车使用过程

(1)列出你能找到的共享单车名称,越多越好。

(2)你找到的共享单车"智能锁"有哪几种形式?拍下照片并配上文字说明,完成表2-5-2的填写。

小组活动记录表　　　　　　　　表2-5-2

图片序号	图　　片	文字说明
图片1		
图片2		
图片3		

(3)以小组为单位,到学校附近存放有的共享单车的区域完成一次使用并记录过程,写出具体的开锁流程。

第一步:_____

第二步:_____

第三步:_____

具体的锁车流程是什么?

第一步:_____

第二步:_____

第三步:_____

(4)经历一次共享单车的使用,你最大的感受是什么?

_____

_____

场景六　智慧高速公路

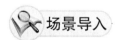场景导入

不知道大家有没有听说过,早前我国曾对外宣布将建设一条智能化的"超级高速公路",并把目标定在2022年通车,率先为2022年举办的杭州亚运会服务。现在,这条位于浙江的杭绍甬智慧高速公路已正式开建。这条高速公路将连接绍兴、宁波和杭州三大城市,融入大量先进技术,建成后不仅更加"绿色安全",同时还将"超级智能"。这条高速公路建设投资总金额高达707亿元人民币,平均每公里建设的费用超过4亿人民币。

作为全球首条智能化高速公路,该条"超级高速公路"将设置自动驾驶专用

车道,并支持全线自动驾驶车辆自由行驶,更厉害的是,它还结合了无线充电技术实现边行车边充电。与此同时,道路沿线会部署高速率、低延时、高可靠的全覆盖无线通信网络。此外,还会在服务区建设太阳能系统,部署电动汽车充电桩等。值得一提的是,这条"超级高速公路"通车后,会采用大数据驱动的智慧云控平台,对行驶车辆进行实时监测以及监控。另外,该高速公路还将借鉴德国高速公路不限速,以及意大利高速限速 150km/h 的相应技术标准,这意味着它的限速标准将会在国内现有的 120km/h 基础上进一步提升。

场景解读

实现智慧高速公路,"智能"的核心理念就是要构建人车路协同综合感知体系,构建路网综合运行监测与预警系统。

安全快速,超级高速公路的设计将为无人驾驶提供安全的驾驶环境,通过智能化和容错设计,来提升道路系统的安全性,将事故危害程度降到最低,实现全天快速通行车辆、零死亡。光伏路面,实现绿色出行。汽车未来的发展方向是电动化,近期的目标是通过太阳能发电、路面光伏发电,以及插电式充电桩电量的补充,为电动车提供充电服务。

无线充电,这是一个远期特征。光伏路面下还预留了电磁感应磁圈。未来,随着纯电动汽车无线技术的配套实施,可实现纯电动汽车在此路段行驶过程中,边行驶边充电,再也不用到处找充电桩了。

知识模块　高速公路运营管理认知

知识点

(1)高速公路管理的特点。
(2)ETC 系统的组成与原理。
(3)智能化高速公路监控系统。

一、高速公路管理系统

在我国,高速公路是一种双向分离、出入控制、封闭式的高等级公路,具有行车速度高、交通流量大、设施设备配套齐全、运营管理独立完善的特点。高速公路运营管理是对收费、养护、交通、安全、服务等系统进行计划、组织、指挥、控制和协调,为高速公路使用者提供快速、高效、便捷、安全的通行服务,使高速公路投资及运营企业获得经济收益。随着交通流量的增加,所造成的路体损耗、交通事故和突发状况会影响道路的正常运行,及时发现交通异常并安全、快速处置是保障高速公路安全运营的基础。因此,建立完善的管理系统,提升突发事故的处置能力、日常管理与服务水平,方便车辆出行,保障驾乘人员、管理人员生命财产安全是运营单位的责任与义务。

1. 高速公路运营管理的特点

为了满足使用者在路上的多种需求,高速公路上除设有各种安全、通信、监控设施和标志等交通支撑服务外,还建有服务区提供停车休息、餐饮、住宿、娱乐、救助、加油、修理等综合服务项目。因此,与一般公路运营管理相比,高速公路运营管理具有以下显著特点:

(1)高速公路运营管理是一个庞大的系统工程。

高速公路运营管理包括硬件和服务两个方面。硬件是指监控(路况、车速等)、照明、通信、收费、气象传感、服务区房屋建筑、道路桥梁、隧道及其附属设施等;服务是指结合硬件基础形成的管理观念与管理手段。高速公路管理打破了原公路管理的行业界限,形成了相对独立的多工种、多专业、密切协作、互相配合的系统工程。

(2)高速公路的运营管理是技术密集的现代化管理。

高速公路的管理系统具有技术密集型的管理特点。现代化管理设施的普及使管理层与操作层体现出高科技、高技能的趋势,基本形成了一个连续运作的整体,特别是监控、通信、ETC等现代化管理手段的实施,逐步形成以养护、路政、供电管理为代表的道路通行保证系统与以监控、通信、收费管理为代表的信息跟踪系统两者并行的管理格局,并进一步向高智能转变。

(3)高速公路的运营管理是向用户提供全面服务。

高速公路运营管理的目的是为用户提供安全高效的行车环境,这是由高速公路封闭式运营的特点决定的。我国高速公路大都是通过贷款或其他融资方式修建的,因此基本上都采用收费还贷的形式,高速公路在向使用者收取通行费的同时,有义务向用户提供优质的服务。

2. 高速公路运营管理的内容

高速公路运营管理主要包括路政管理、养护管理、交通安全管理、收费管理、监控和通信管理以及服务区管理。

1)路政管理

高速公路路政管理是为维护高速公路管理者、经营者、使用者的合法权益,对高速公路进行的行政管理,是政府行为。其职能包括:保护路产、维护路权、维持秩序、保障权益。高速公路路政管理的职责是贯彻实施国家和地方的有关法律、法规,保证高速公路路产完整,维护高速公路路权不受侵犯,公路设施不得破坏。同时,高速公路路政管理还包括施工养护作业现场的秩序维护,恶劣天气的交通管制,故障车辆的牵引拖带,事故现场的救援清障以及环保监督等。

2)养护管理

高速公路养护工作可划分为维修保养、专项工程和大修工程三类。维修保养是为保持高速公路及其附属设施的正常使用功能而安排的经常性保养和轻微损坏的维修作业;专项工程分为两类:一类是为了应对高速公路及其附属设施的一般性磨损和局部损坏,进行修理、加固、更新和完善的作业,另一类是在原有的设施设备基础上,新增设施设备以实现新功能的作业;大修工程高速公路及其附属设施已达到其服务周期,必须进行应急性、预防性、周期性的综合修理,使之全面恢复原设计的状态,或对由于交通事故、自然灾害等造成的高速公路及其附属设施的重大损坏及时进行修复,保证其正常使用的作业。

3)交通安全管理

高速公路交通安全管理是规范高速公路上的交通行为,维护高速公路运输的交通秩序,保障高速公路的交通安全和畅通的行政执法管理。高速公路交通安全的影响因素主要体现在驾驶人、道路与环境两方面。

4)收费管理

高速公路收费系统现在基本采用半自动和ETC(Electronic Toll Collection,电子不停车收费)两种收费方式,可选用IC卡、磁票、二维条卡作为通行券,支持现金、预付卡、储值卡等支付方式。

(1)半自动收费管理系统。

高速公路半自动收费管理系统由收费车道系统及计算机系统组成。对于不同方式的半自动收费管理系统,中心计算机系统、分中心计算机系统和收费站计算机系统几乎完全相同,只是收费车道系统有所不同。

(2)ETC收费管理系统。

ETC是指利用微波技术的不停车电子收费系统,基本原理是车载电子标签插入IC卡,发出信号,当汽车经过收费卡口时,通过无线信号与安装在收费口上的天线进行信息交换,根据该IC卡保存的与收费相关的数据,可以即时算出并征收通行费用。费用征收不用现金,而使用IC卡中的电子货币。

如果遇到特殊的情况、如节假日免费过渡时间段、车流量特别巨大需临时增加收费点、设备故障等,也可以采用人工收费方式,指对进入高速公路网络的车辆发放通行卡以及出口处验卡收费等程序,全部由手工操作完成。

5）监控和通信管理

高速公路道路监控系统主要由信息采集(摄像机、车辆检测器、雷达、气象检测器等)、信息处理(监控中心)、信息发布(可变情报板)等系统构成。通过设置在重点路段和监测点的前端设备,将视频图像、雷达数据、气象数据等传至高速公路监控中心,进行信息的存储、处理和发布,使交通监控管理人员对交通突发事件作出及时、准确的判断,形成完整、现代化的道路管理体系。

6）服务区管理

高速公路中设立的服务区具有餐饮、住宿、休息、娱乐、购物、通信、车辆加油、维修、停车、清洗等多种服务项目及服务设施,主要满足旅途用户的各种需求,迅速消除用户生理、心理的疲劳。同时可综合开发,充分利用高速公路路产及沿线土地和旅游资源,从事土地开发、仓储、联运、观光旅游、广告、信息咨询、苗圃等多种项目经营。

3. 高速公路交通安全智能管控系统

高速公路的交通秩序、安全与事故处理由交通警察管理,交通警察依托高速公路管控平台,通过设置车辆违法抓拍、超速、诱导屏、广播、出入口管制等措施对道路交通秩序、违法等进行管控。同时,基于采集的实时路况数据信息,通过对数据的融合和预测分析,将交通信息转化为文字、图形信息,利用可变限速标志和LED诱导屏、交通广播网、互联网和短信等方式向公众发布实时路况信息。通过建立各类事件处置预案和高速公路职能部门联勤联动和协作配合管理机制,实现对重大交通事故及其他重大突发事件的快速高效处置。根据路况信息,实时设置车辆行驶限速值,降低车辆速度并进行行驶诱导,避免在恶劣天气情况下和发生突发事件时车辆追尾相撞,保证车辆行驶安全,并最大限度减少封路情况。

1）交通安全信息采集内容

交通安全信息采集内容见表2-6-1。

高速公路信息采集内容 表2-6-1

项目	信息分类	具体信息
信息采集	道路车流量状态信息	时间、车道(如有可以分车道)、方向、流量值、速度、占有率(密度)、车辆长度、车型、大型车辆比例、时均流量、日均流量、周均流量等

续上表

项目	信息分类	具体信息
信息采集	气象信息	时间、温度、湿度、风力、风向、大气压、降雨量、能见度、地点编号等
	交通事故信息	事故时间、号牌号码、号牌种类、联系方式、违法证据、事故描述等
	道路施工信息	项目负责人、管理机构、联系电话、施工计划起始时间、施工计划终止时间、施工路段、占用车道、占用方向等
	道路拥堵信息	拥堵地点、拥堵起始时间、拥堵原因、估计拥堵持续时间
	交通管制信息	交通管制措施、交通管制地点、原因、影响范围、持续时间等

通过与交通运输管理部门、运营企业、交警建立信息共享机制,实现对高速公路上行驶的重点车辆的动态监管、报警拦截、轨迹追踪、运行分析和及时抄告。获取客运车辆、危险化学品运输车辆的定位信息(GPS/北斗)、行驶记录信息,实现对辖区内高速公路上行驶的目标车辆实时跟踪;获取驾驶人的行驶时间,对超速或者疲劳驾驶、超时行驶、偏离电子围栏范围的车辆实时进行预警提示,或者由巡查车辆强制其进入服务区。

2)高速公路交通管制信息发布

高速公路交通管制信息通过互联网、广播、手机终端(特服号码短信、微博、微信、QQ、App 等)、可变信息板、可变交通标志等进行发布。

在高速公路事故多发路段、多雾路段、隧道、互通式立交等地点设置广播,提醒驾驶人安全行驶。可变限速标志是根据道路和气象情况的变化而实行速度限制或改变速度限制的设施,指示驾驶人把车速定位在与最大交通量相适应的水平上,提高其对行车环境的警觉度。通过高速公路收费站出入口、路面的交通诱导屏、车载式道路交通信息显示屏等外场设施,使进入或行驶在高速公路上的车辆驾驶人获取相关交通信息状况,进行相关行驶决策,进而实现交通诱导控制。

3)综合管控平台

综合管控平台全面掌握高速公路运行状态,管控系统实现联网收费区域

(省、市)的监控中心-路段管理中心-收费站、桥隧所的分级控制、集中管理。各路段的交通综合监控数据信息,通过路段管理中心汇聚到区域监控中心进行统一协调、统一管理。区域中心平台提供的服务包括:中心管理服务、数据存取服务(联网收费,ETC 的清分、结算)、流媒体服务、移动视频服务、中心通信调度服务、协议转换服务、数据采集服务、数据统计服务、事件服务等。

系统在集成各类控制子系统的基础上,通过集成指挥信息收集、审核调度、指挥部署,通过警务通信系统、GPS 车辆定位系统、手机、短信实现对人员和车辆的指挥调度。根据事件类型、事件级别和影响范围制定事件处置预案和调度流程,处置调度时通过地理信息系统提取事件周边资源,如警力资源、联动设备资源等,结合预案支持,进行视频监控、警力定位、交通诱导控制、交通卡口布控、移动警务指挥等操作,实现快速指挥调度。

4. GIS 技术在高速公路管理中的应用

可扫描二维码查看相关知识。

GIS 技术在高速公路管理中的应用

二、ETC 技术

ETC 技术适合在高速公路出入口环境下使用,实施不停车收费。车辆不停车通过,可大大提高高速公路出入口的通行能力;高速公路收费走向电子化,可降低收费管理的成本,有利于提高车辆的营运效益,同时也可以大大降低收费口的噪声和废气排放水平。

1. ETC 系统的概念

ETC 系统主要是利用无线射频识别技术,通过路侧单元(Road Side Unit, RSU)与车载电子标签进行相互通信和信息交换,以达到对车辆的自动识别,并自动从该用户的专用账户中扣除通行费,从而实现高速公路出入口的不停车自动收费。为了避免在收费站停车收费带来手续麻烦及交通拥挤情况,我国已经开始在全国高速公路系统中逐步实施全自动电子收费。

ETC 技术在 20 世纪 80 年代开始兴起,20 世纪 90 年代在世界各地使用,受到各国政府和企业的广泛重视,因此 ETC 技术发展很快。其主要经历了以下 3 个发展阶段:

(1)磁卡收费。磁卡收费主要在 ETC 发展初期使用,它改变了纸质票据收费的模式,但由于系统自身的缺点,如存储容量小、寿命短、保密性差、对环境要求苛刻、防潮、防污、防振、抗静电能力差等,而没有得到很好应用。

(2)接触式 IC 卡收费。IC 卡因其存储容量大、保密性好、抗电磁干扰强、投资和维护费用低、易实现智能功能而取代磁卡收费。但由于需要接触操作、易磨损、易受污、安全可靠性欠佳,导致其使用受到限制,主要应用于公共交通收费等半人工收费系统。

(3)非接触式ID(Identity Document,身份标识号)卡收费。它是在IC卡基础上,利用现代射频识别技术而发展起来的新一代收费系统。其最大特点是免接触,使得保密、安全性进一步提高,而且没有接触磨损,寿命长,抗恶劣环境性能好,适合于ETC系统的野外、全天候工作。

2. ETC系统的组成及工作原理

1)ETC系统的组成

ETC系统的组成如图2-6-1所示。

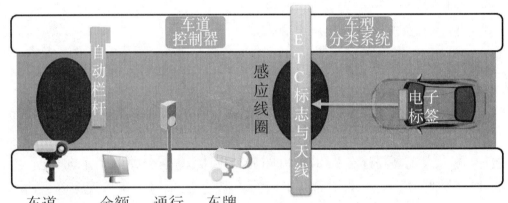

图2-6-1　ETC系统的组成

ETC系统的两个重要部分是RSU和OBU(On Board Unit,车载单元)。

RSU为路侧单元,一般挂在ETC车道的正上方5.5m高处,持续向固定范围内的区域发送广播信号。当车辆通过进入固定范围内时,车载电子标签会对广播信号作出响应,从而两者建立起专用通信链路进行双向通信和数据交换。路侧单元RSU其他的如工业控制计算机(工控机)、车道控制器、车辆检测器(抓拍线圈以及落杆线圈)、抓拍摄像机、费额显示器/通行信号灯/声光报警器、自动栏杆、字符叠加器等都是辅助电子设施,它们都与后台系统进行了互联。

OBU为车载单元,通常安装在车辆风窗玻璃内侧、后视镜背后位置。车载电子标签中存放着车辆的识别信息,如车牌号、汽车ID号,以及IC卡的访问接口,通过该接口可自动进行费用的支付,车辆与车载单元匹配后,不能随意更换。

2）ETC 系统的工作原理

车辆进入通信范围，读写天线与电子标签和 IC 卡进行通信，判别车辆是否有效，如有效则进行交易，无效则报警并封闭车道，直到车辆离开检测线圈。如交易完成，系统控制栏杆抬升，通行信号灯变绿，费额显示牌上显示交易金额；车辆通过自动栏杆下的落杆线圈后，栏杆自动回落，通行信号灯变红，系统等待下一辆车进入。

ETC 中 RSU 通信流程具体为：当车辆进入 ETC 车道有效通信范围后，电子标签监听到 RSU 发出的有效询问信号后被激活，由休眠状态进入工作状态，经数据解调送控制单元进行处理，通过身份确认、密码验证后，控制单元对 EEPROID 进行数据读写操作并经编码、加密后再经调制，从天线发射出去，应答返回存储在 OBU 中的车辆信息。RSU 接收到车辆信息后，将其传入到后台控制系统，后台控制系统需要对车辆信息进行验证，并且将车辆信息存档；若验证未通过，则后台控制系统不会升起控制栏杆，从而阻止违规的车辆通过；若验证通过，接下来后台控制系统控制 RSU 发送支付辅助信息的请求信号，车载电子标签通过其 IC 卡接口返回其支付辅助信息。支付辅助信息是指 IC 卡的一些信息。同样地，后台控制系统将对其进行验证，若验证未通过，会阻止其通过；若验证通过，后台控制系统计算出车辆此次应缴纳的费用，并将其通过电子标签传输到 IC 卡中，进行存储；而后台控制系统会将此次收费的数据进行存储，最后转送到结算中心进行结算。

3. ETC 联网收费建设概况

随着 ETC 系统在全国高速公路中大规模建设与应用，自营客户服务网点逐渐增多，全国已开通 ETC 系统的省（自治区、直辖市）也积极拓展并发挥各大银行、加油点等服务，ETC 代理服务网点已逐步覆盖省、市、县（区）一级。

全国高速公路联网收费总体框架由国家收费公路联网结算管理中心、省（自治区、直辖市）级联网结算管理中心、省内路段收费分中心、收费站、收费车道［MTC（Manual Toll Collection，人工半自动收费车道）、ETC 车道］共 5 级组成，如图 2-6-2 所示。

4. ETC 系统的技术优点及问题

1）ETC 系统的优点

（1）能有效提高收费工作效率。

ETC 系统实现了收费工作的完全自动化，收费操作在机器与机器之间通过电子信号以极快的速度进行，避免了人工收费带来的速度慢、差错多、营私舞弊等问题,极大地提高了收费工作的效率。

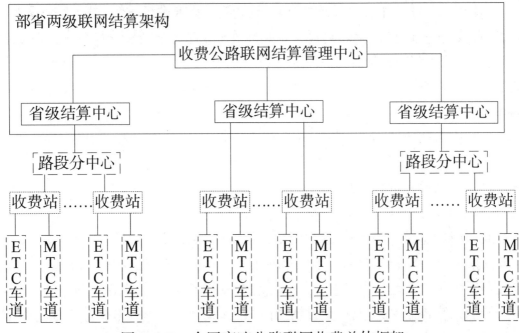

图2-6-2 全国高速公路联网收费总体框架

(2)能有效缓解收费站拥堵问题。

统计表明,ETC收费车道的通行能力可达2500辆/h,是人工收费车道通行能力的5~8倍,大大提升了高速公路收费卡口的通行能力,从而有效缓解车辆在通过收费站时的拥堵现象。

(3)能有效减少对环境的污染。

车辆在起动、加速时油耗最高,废气对环境的污染也最大,ETC车道不需要车辆频繁起停,通行效率高,只需车辆匀速通过即可,可避免车辆在怠速等待和起动加速时排放大量的废气,起到节能减排的作用。

(4)能有效消除现金带来的安全隐患。

ETC采用电子账户支付方式,减少了驾乘人员现金携带量,可有效减小路途中现金保管等风险,同时也可有效消除收费站因收取大量现金带来的盗抢等安全隐患。

2)ETC系统存在的问题

ETC系统有许多优势,在高速公路收费方面作出了巨大的贡献,但从近几年ETC系统建设和运营经验来看,现阶段的ETC系统还存在以下一些问题:

(1)存在跟车干扰。

跟车干扰是指由于前后两车距离过近,前车完成交易后,后车可能跟随前车一起离开车道。或者是后车先完成了交易,放走了前车,当后车到栏杆前时,栏杆落下阻止通行。

(2)设备故障干扰。

短程微波通信设备存在一定的交易范围,通信范围也会受到客观环境的影响,在栏杆前面会存在一定的通信盲区,当车辆来到栏杆前读卡失败,还没完成交易时,车辆需要后退,再次尝试读卡交易,如后方有车辆,会极大地影响 ETC 车道的通行效率。

(3)误入车辆干扰。

在当前的收费站中,有 ETC 专用车道和混合收费车道并存,还有许多车辆会误入 ETC 专用车道,造成 ETC 车道报警,需要将误入车辆离开后,ETC 车道才能正常使用,误入车辆的导离会大大降低 ETC 系统的通行效率。

三、高速公路监控系统

1. 高速公路监控系统的现状

高速公路管理部门通过在重点路段位置采用自建或共享视频监控、环形线圈车辆检测器、微波检测、气象设备、卡口分析等方式检测车流量、车速、车辆密度、道路占有率、事件、拥挤度、路面温度、湿度、风力、能见度等基本数据来完成信息采集,为车速管控等提供作业依据。

收费站监控系统由车道高清卡口摄像机、收费亭高清半球摄像机、收费站出入口广场摄像机、收费亭脚踏报警器和收费亭对讲设备组成。车道摄像机和收费亭摄像机接入收费亭交换机,各收费亭交换机和广场球机的信号接入收费管理站的视频综合平台,完成整个系统的组网,该组网方式可有效满足高速公路图像数据长距离可靠传输的要求。

隧道视频监控设施主要包括带云台彩色摄像机、固定摄像机、车辆检测器等。在隧道出入口及隧道内设置摄像机对隧道车辆通行情况进行监视,另设置车检器,对进出隧道的车流量进行流量检测,数据上传至管理站平台,对隧道的交通量(分大、小车)、车辆速度、道路占有率进行检测。

外场监控设备主要包括激光夜视一体机、高清卡口摄像机及信息发布系统。外场设置的摄像机采集到的监控视音频数据直接通过光纤接入到分监控中心,由分监控中心进行统一管理和存储。在外场设置带有透雾功能的激光夜视一体机对重要互通区、重要路段进行监视,可以满足昼夜全天候的监控。外场的卡口摄像机可以对车流量、车速、黄车牌占道、占用应急车道及违法车辆行迹进行记录,以备高速公路交警取证使用。

我国高速公路基础设施在多年的快速建设过程中,越来越重视对监控系统方面的设计与建设,高速公路监控系统化和智能化取得了快速的发展。但是现阶段高速公路监控系统与智能化建设还受到资金和建设周期等多方面的制约,大多数省(自治区、直辖市)还采取原始的分路段、分区域的监控方式。然而,以这种监控系统来应对高速公路上的管理并不是一种理想的方式,其运营管理方式经常性地出现一系列问题。而且人们对于监控系统图像品质的要求也越来越高,如果不能整合监控系统的安全性、管理型和综合性进行统一管理,将无法满足高速公路的快速建设对监控系统使用提出的需求。

2. 智能化高速公路监控系统简介

1) 车辆检测系统

智能检测系统的重要组成部分是对交通的流量、车速和车型的检测,同时智能检测系统又是智能交通重要组成部分。车辆检测系统是能对高速公路、一般公路、乡镇公路等来往的车辆的流量、车速、车型、道路占有率进行检查的重要设备。

2) 车辆异常行驶检测系统

当车辆在行驶过程中存在异常驾驶时,能够及时对车辆的行为进行判断,并对系统发出预警。

3) 车牌照辨识系统

车牌照相当于车辆的身份证,检测系统可对汽车车牌和汽车型号进行识别。

4) 视频叠加显示系统

传统的高速公路的收费系统采用相对封闭式的运营管理模式,即"人工引导、人工收费、人工管理、计算机计费、闭路电视监控"的运营管理模式,现在还有一定数量的保留。收费站的视频叠加显示系统是应用字符叠加芯片,其实现原理是对静止图像进行操作,模式是在图像上输出标准字符串后叠加或合成每帧图像。视频上的字母叠加是为了快速叠加连续的图像帧,类似于单帧静止图像叠加。收费站监控视频除了在电脑上呈现外,还将监控的图像上传到数据安全监控中心并记录在 DVR(Digital Video Recorder,硬盘录像机)上,以方便运营管理处进行管理。

5) GPS 不停车收费系统

GPS 不停车收费系统是由 GPS 技术、GIS 技术和移动通信技术等多种新技术融合的产物。它是把 GPS 接收机车辆的数据通过 GSM(Global System for Mobile Communications,全球移动通信系统)通信模块以信息发送的方式发至移动通信网络。短消息处理中心再通过车辆要通过的收费站定位信息进行收费处理,利用 GIS 软件和快速投影匹配的方法,车辆行驶轨迹可以与数据中心同步精准匹配,然后由收费站设备进行收费处理,实现路联网的新模式。此外,车主可实时查询每个收费站的收费情况,该系统可实现不受时间段影响的收费模式。

四、我国智慧高速公路建设情况

2020 年,是新中国历史上极不平凡的一年,受到新冠肺炎疫情影响的交通运输行业有艰辛也有辉煌。2020 年,我国部分省份开通了智慧高速公路(图 2-6-3)。

1.5G 高速公路

伴随着深圳外环高速公路深圳段一期工程正式通车,深圳外环高速成为广东省首条以多功能智慧杆为载体实现 5G 网络覆盖的新建成通车高速公路。深圳外环高速公路西起广深沿江高速公路,向东经宝安区、光明区、龙华区、东莞市、龙岗区、坪山区、大鹏新区,终点接盐坝高速公路,全长约 93km,采用双向六车道高速公路标准

图 2-6-3　智慧高速公路

建设,设计行车时速为 80~100km,项目分深圳段和东莞段。项目通车的路段是深圳段一期工程与东莞段。

深圳外环高速还与深圳的沿江、广深、南光、龙大、梅观、清平、博深、惠盐、深汕、盐坝等 10 条高速公路和 8 条一级公路互联互通。在智慧交通建设方面,深圳外环高速将打造广东省智慧高速省级科技示范路,实现交通管理智慧化:一是以交通数据标准化为基础,建立深圳外环高速大数据中心及交通综合监测系统,实现对高速公路路网运行状态、车辆实时运行、交通事件和交通环境的动态化、一体化监测和预测。二是利用 BIM(Building Information Model,建筑信息模型)技术,实现高速公路基础设施的数字化和深圳外环高速资产智慧化运营管理。三是沿线布设 135 根 5G 多功能智能杆(图 2-6-4),挂载基站实现全线 5G 通信网络全覆盖。

图 2-6-4　5G 多功能智能杆

深圳外环高速公路深圳段一期工程沿线布设 135 根多功能智能杆,挂载基站实

现全线5G通信网络全覆盖,可使广大驾乘人员充分感受智慧交通带来的便利。这些多功能智能杆通过综合应用5G、边缘机算、人工智能、大数据等新技术,可搭载智慧照明、交通监控、应急广播、气象监测等智能硬件,多维融合道路交通数据,实现智能路网监测、智慧应急指挥、实时交通在线仿真、无人驾驶辅助等功能。

多功能智能杆搭载的激光雷达、毫米波雷达、视频监控、气象监测、RSU及电子车牌等智能化监测设备,可以对高速公路上的人、车、路、环境等相关公共交通数据进行车道级高精度采集以及亚秒级动态化刷新。多维传感数据经由杆载边缘计算节点进行实时动态融合,通过5G传输及后端平台侧AI分析,帮助深圳外环高速实现精准化交通信息服务、全要素路网监测、协同化交通诱导管控、精细化道路管养、全实时路况仿真预测、全流程应急指挥优化、支撑车路协同应用七大智慧交通多场景应用。

1)精准化交通信息服务

天气会不会骤变?前方发生什么情况?需不需要绕道行驶?不用去猜,打开手机便能全掌握。深圳外环高速智能科技支持将高精度实时交通运行环境、前方异常事件及天气情况等信息精准化推送至个人或智能汽车终端。基于交通在线仿真及预测技术,可对部分车辆实现车道级诱导。配合各类道路交通平台,提供精准出行服务,提升驾乘人员的高速公路出行体验。

2)全要素路网监测

尽管路况瞬息万变,但都躲不过智能杆敏锐的"双眼",它具备"亚秒级"动态捕捉技能。(秒级:以s为单位,即速度按s计算,1GHz/s;亚秒级:没有达到s的速度,即1GHz/1.2s)车道级精准交通感知及亚秒级路网动态复现,实现道路路网实时精确监测,有效降低人力成本,提高路网运力。

3)协同化交通诱导管控

多功能智能杆基于杆载实时高精度动态路网感知,整合高速公路沿线路网数据,通过平台化AI算法,辅助交通管理部门生成交通流量诱导方案,形成全路网协同联动能力,支持整体化协同调控,保障高速公路运行通畅。

协同化交通诱导管控效果图如图2-6-5所示。

图2-6-5 协同化交通诱导管控效果图

4)精细化道路管养

养护数据生成对道路进行全方位"体检"

养护管理,不再害怕"疑难杂症"。通过车道级道路养护数据数字化及交通设施状态数据数字化管控,结合道路养护平台AI预测性运维算法,实现道路精细化养护及运维,提高管养效率,优化服务质量。

5) 全实时路况仿真预测

将杆载设备采集到的实时高精度交通数据以及历史经验数据融合,利用在线交通仿真技术,推演预测未来短时期的车道级交通流量、密度、车速等交通发展趋势,协助交通管理部门及早掌控交通态势,主动进行路网管理部署及诱导管控。道路上可能会发生的交通状况能通过交通仿真技术进行预测。

6) 全流程应急指挥优化

路侧设备自动化监测天气情况、异常事件、交通拥堵等实时信息,管理后台辅助管理人员研判事件影响程度,形成优化应急指挥预案,自动分派下发应急调度指令,实现交通指挥工作的整体调度、多方联动、持续优化。

7) 支撑车路协同应用

杆载感知设备采集道路高精度实时动态信息,通过边缘计算节点实现多维融合,并将路侧信息通过RSU向OBU实时推送,支撑未来车路协同相关应用实践。

5G高速公路是5G技术与交通运输行业深度融合的又一具体体现。

2. 2020年国内部分智慧高速公路建设情况

2020年国内部分智慧高速公路建设情况请扫描二维码查看。

2020年国内部分智慧
高速公路建设情况

模拟实验一 区间测速及监测车流量系统搭建仿真

为了提高出行的安全性,在高速公路中的某个路段装有区间测试的装置,提醒驾驶人不要超速行驶。所谓区间测速,是指检测机动车通过两个相邻测速监控点之间的路段(测速区间)平均速度的方法。在本次实验课中,借助Arduino平台,搭建模拟区间测速及监测车流量系统,初步了解其工作原理。

一、学习目标

(1) 了解区间测速及监测车流量系统的工作方式。

(2) 能正确掌握搭建区间测速及监测车流量系统的方法。

(3) 增强安全出行的意识,不超速行驶。

二、学习任务

搭建区间测速及监测车流量系统,实现检测监测车辆是否超速、计算车流量。

三、相关知识

1. 场景介绍

当有车经过始点 A 时启动区间测速，并对车辆计数；当车到达终点 B 时，系统会根据车速判断是否超速，通过显示屏显示监测车流量、车速及是否超速，实现监测车流量及车速监测。

2. 实验设备清单

本实验所需设备见表 2-6-2。

实验所需设备　　　　　　　表 2-6-2

设备			
名称	循迹传感器	LCD1602 液晶屏模块	UNO 组合板

四、实验步骤

1. 任务说明

区间测速及监测车流量系统按以下顺序要求运行：

（1）当有车经过始点 A 时启动区间测速，并对车辆计数。

（2）当车到达终点 B 时，系统会根据车速判断是否超速，通过显示屏显示监测车流量、车速及是否超速。

2. 搭建区间测速及监测车流量系统仿真

在 linkboy 软件中，找到图 2-6-6 中的设备或模块，进行仿真搭建。

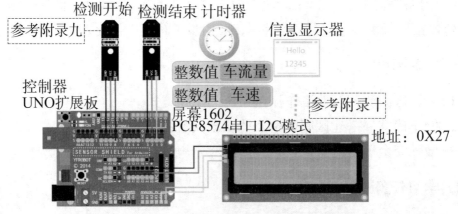

图 2-6-6　区间测速及监测车流量系统仿真搭建图

3.操作内容

(1)请根据区间测速及监测车流量系统仿真接线,填写图2-6-7~图2-6-9中空白处的内容。

GND：接_____
VCC：接_____
OUT：接_____

(红外循迹传感器——检测开始A)

图2-6-7　仿真接线(1)

GND：接_____
VCC：接_____
OUT：接_____

(红外循迹传感器——检测结束B)

图2-6-8　仿真接线(2)

GND：接_____
VCC：接_____
SDA：接_____
SCL：接_____

图2-6-9　仿真接线(3)

(2)编程思路。

根据任务说明完善在流程图(图2-6-10),并在linkboy软件中编写程序,参考程序可扫描二维码查看。

参考附录：

①如果语句(if语句)——附录十八。

②等待语句可以在linkboy的【指令】模块中找到。

(3)完成实验。

完成仿真接线和程序编写后,进行仿真测试,并按照仿真搭建图,进行实物搭建。仿真与实物效果请扫描二维码查看。

参考程序

仿真效果(1)　　仿真效果(2)　　实物效果

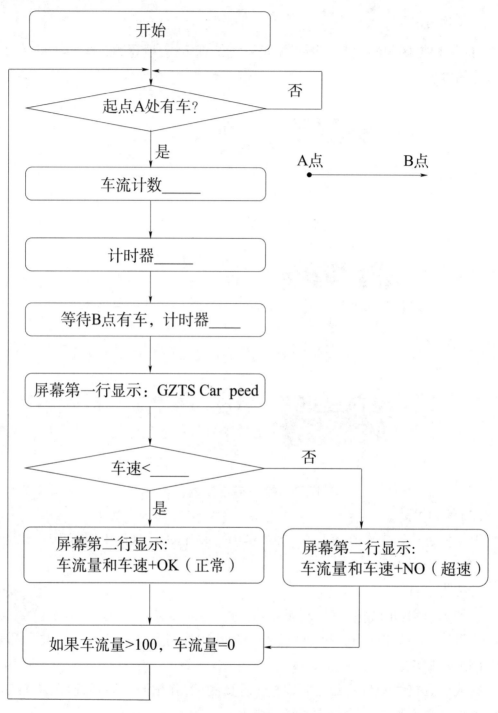

图 2-6-10　流程图

（4）任务小结。

4. 评价表

本实验的评价表见表 2-6-3。

评 价 表 表2-6-3

评价要点		自评	互评	教师评
仿真效果（50分）	仿真效果是否与任务要求一致(30分)			
	场景布局效果是否整洁(10分)			
	程序编写是否合理(10分)			
实物搭建（40分）	真实效果是否与任务要求一致(30分)			
	接线工艺(10分)			
5S管理(10分)	工位是否整洁干净(10分)			
总分				

五、课后思考

（1）上网搜寻资料，高速公路的区间测速及监测车流量系统中涉及哪些相关技术？

_____

_____

（2）如果在系统中增加车辆正常行驶亮绿灯，超速行驶亮红灯，应该如何操作？

_____

_____

模拟实验二 雨天提醒系统搭建仿真

我们在高速公路上经常会看到一些指示牌，如"雨天路滑，减速慢行""暴雨天气，注意安全"等，如果类似功能需要人为去设置和发布，无疑会增加运营成本，所以我们要让此类提醒更加智能化，即能够自动感知环境的变化，根据不同的环境，自动显示不同的提醒。本次实验就是仿真环境检测，实现自动提醒行车安全。

一、学习目标

（1）了解高速公路诱导系统的相关技术。
（2）能仿真搭建雨天提示系统，掌握雨滴传感器的使用方法。
（3）增强安全驾驶的意识。

二、学习任务

正确仿真搭建雨天提醒系统,了解道路指示牌根据环境变化而智能改变提示语的技术。

三、相关知识

1. 雨天驾驶

雨天行车,特别是在高速公路上,一定要控制车速,不要超速行驶。下雨时,路面会比较湿滑,汽车制动性能变差,当紧急制动时,会比较容易产生跑偏、侧滑,造成交通事故。在雨天行车,也要跟前车保持一定的安全距离。由于雨天视野会受阻,所以最好打开示廓灯或雾灯,要让别人知道你的位置,与其他车辆互相提醒。相关部门也要加大力度进行宣传、提醒,时刻让驾驶人保持头脑清醒和紧张感(图2-6-11)。

图 2-6-11　雨天行车及提示

本实验进行搭建雨天提醒系统,根据不同的环境,电子显示牌会发布不同的安全提示。

2. 实验设备清单

本实验所需设备见表2-6-4。

实验所需设备　　　　　　　表2-6-4

设备	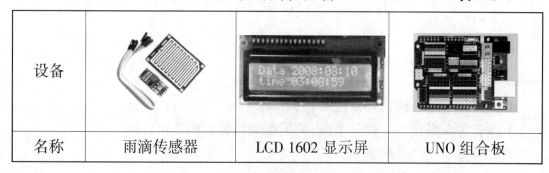		
名称	雨滴传感器	LCD 1602 显示屏	UNO 组合板

四、实验步骤

1. 任务说明

（1）LCD 显示屏第一行默认居中显示：weather，第二行居中显示：sunny。

（2）雨滴传感器感应到雨滴后，输出模拟信号。

（3）当检测到有雨滴时（500＜数值＜1023），LCD 显示屏第二行显示：rainy。

（4）当检测到是大雨时（0＜数值＜500），LCD 显示屏第二行显示：heavy rain。

2. 搭建雨天提醒系统

在 linkboy 软件中，找到图 2-6-12 中的设备或模块，进行仿真搭建。

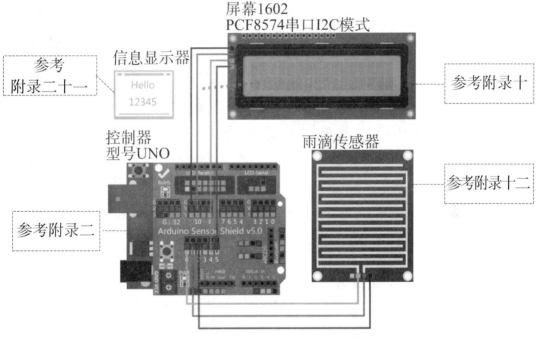

图 2-6-12　雨天提醒系统搭建图

3. 操作内容

（1）请根据雨天提醒系统的仿真接线，填写图 2-6-13、图 2-6-14 中的空白内容。

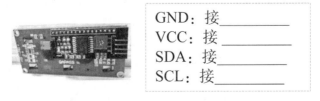

图 2-6-13　仿真接线（1）

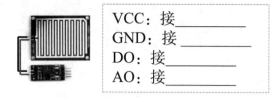

VCC：接_____
GND：接_____
DO：接_____
AO：接_____

图 2-6-14　仿真接线（2）

（2）编程思路。

根据任务说明完善流程图（图2-6-15），并在linkboy软件中编写程序，参考程序可扫描二维码查看。

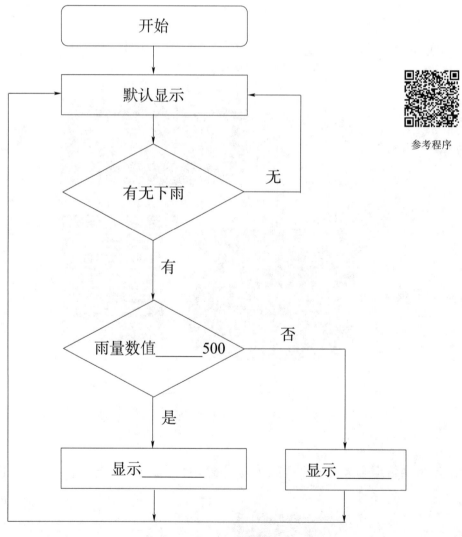

参考程序

图 2-6-15　流程图

提示：

第一步：先设置LCD屏幕默认的显示。

第二步:判断雨滴量。

第三步:显示对应的提醒。

(3)完成实验。

完成仿真接线和程序编写后,进行仿真测试,并按照仿真搭建图,进行实物搭建。仿真与实物效果请扫描二维码查看。

仿真效果(1)

仿真效果(2)

实物效果

(4)任务小结。

4.评价表

本实验的评价表见表2-6-5。

评 价 表　　　　　　　　　　　　　　　表2-6-5

评 价 要 点		自评	互评	教师评
仿真效果 (50分)	仿真效果是否与任务要求一致(30分)			
	场景布局效果是否整洁(10分)			
	程序编写是否合理(10分)			
实物搭建 (40分)	真实效果是否与任务要求一致(30分)			
	接线工艺(10分)			
5S管理(10分)	工位是否整洁干净(10分)			
总分				

五、课后思考

(1)如果雨滴传感器的信号端口是接在"DO"上,那么程序应该怎样修改?

_____

_____

(2)参考程序存在许多重复的指令,尝试用自定义指令的方法来简化。

_____

_____

场景七　车辆自动驾驶技术

场景导入

RoboTaxi——机器无人出租汽车(机器出租汽车)，无人驾驶出租汽车。

2019年6月，百度Apollo获得了长沙市政府颁发的45张可载人测试牌照。首批45辆Apollo与一汽红旗联合研发的"红旗EV"Robotaxi(百度自动驾驶出租汽车队)，在长沙市部分已开放测试路段开始试运营。普通长沙市民即可登录Apollo官网申请成为种子用户，并有机会试乘体验。

长沙市的自动驾驶测试开放道路，途经长沙市人工智能科技城、梅溪湖、洋湖、大王山、高新区等地段，全长达到135km，示范区面积达到70km^2。

Apollo在长沙开放路段范围内的试运营逐步开启。到2019年底，Apollo Robotaxi车队在长沙的试运营道路已覆盖50km左右，2020年上半年覆盖长沙当前开放的135km道路。在行驶过程中，Apollo Robotaxi车辆可以根据路况进行智能变道，还可以判断周边车辆的行驶状况，对近距离超车等情况作出自动避让。如果碰上前方有行人通过，Apollo Robotaxi也会非常"乖巧"地减速制动，礼貌避让。体验全程中，乘客区屏幕实时显示了路面上的行人、汽车，甚至一些传统盲区的路况。即使是车辆被遮挡，也能提前看到前方红绿灯变化及等待时间等信息。

场景解读

在如今这个万物互联的世界里，新的科技似乎对各个行业都有所冲击，交通行业也是如此，自动驾驶车辆迅速成为人们的热门话题。自动驾驶车辆的概念已经存在多年，但直到如今，在网络、卫星和激光设备等技术不断发展后，才使这一梦想有实现的可能。迄今为止，有很多公司在自动驾驶车辆市场作出了重大投资，谷歌、奥迪、宝马和现代已经开展相关的测试工作。以谷歌为例，采用复杂的激光惯导系统与实时卫星数据相结合，可以在任何情况下准确地引导汽车。这些技术的商业化意味着，我们将在未来的出行时彻底解放，由我们的车来做所有的工作，包括驾驶和认路。虽然自动驾驶车辆给消费者带来了诸多难以置信的成就，但其安全性能尤其复杂，对这些汽车真正面向公众提出重大挑战。

知识模块　汽车自动驾驶技术认知

知识点

（1）自动驾驶的历史与发展。
（2）自动驾驶环境感知技术。
（3）高精度定位技术。
（4）决策与规划系统。
（5）控制执行系统。

一、初识自动驾驶

自动驾驶车辆（Autonomous Vehicles，Self-driving Automobile），又称无人驾驶汽车，是一种通过计算机系统实现无人驾驶的车辆。它依靠人工智能、视觉计算、雷达、监控装置和GPS协同合作，在没有任何人为干预的情况下，合理地操控机动车辆。

现在业界通常将谷歌从2010年开始的自动驾驶项目作为本次世界范围内自动驾驶技术大规模研发投入的开始。但在历史上，其实很早就出现过自动驾驶研发浪潮了。早在1926年的美国，已经有了自动驾驶的雏形，只是那个时候，所谓的自动驾驶还只是通过远程遥控实现的。到了1976年，斯坦福大学研究出了一款真正意义上能够被称为自动驾驶的车辆——Stanford Cart。在实验环境中，Stanford Cart 每移动1m需要10~15min，原因是车辆每移动1m就需要停下来对周围环境拍摄一些照片，然后再通过车载的"控制电视"进行分析，最后计算出下一步移动的路线及距离。我国从20世纪80年代开始进军无人驾驶领域，并于1992年在国防科技大学成功研制出第一辆真正意义上的无人驾驶汽车。

1. 自动驾驶的分级

2021年5月3日，SAE International 与国际标准化组织（ISO）共同宣布了对J3016_201806的更新，更新后的版本为J3016_202104。这是继2014年1月第一版、2016年9月第二版和2018年6月第三版后的第四次更新。

在表2-7-1中，"系统"是指驾驶自动化系统或自动驾驶系统。驾驶自动化系统是指能够持续执行部分或全部动态驾驶任务（DDT）的硬件和软件；该术语一般用于描述任何能够实现1~5级驾驶自动化的系统。自动驾驶系统（ADS）是指能够持续执行整个DDT的硬件和软件，无论是否限于某一特定的操作设计域

(ODD),该术语专门用于描述3级、4级或5级驾驶自动化系统。

自动驾驶的分级　　　　　表 2-7-1

等级	名称	定义描述	动态驾驶任务（DDT）		DDT 后备	操作设计域（ODD）
			持续横纵向车辆运动控制	目标和实践检测与响应（OEDR）		
驾驶人执行部分或全部动态驾驶任务						
0	无驾驶自动化	驾驶人执行全部 DDT	驾驶人	驾驶人	驾驶人	无
1	驾驶辅助	由驾驶自动化系统持续执行特定（ODD）的 DDT 子任务:横向或纵向运动控制操作（但两者完全不同时），驾驶人完成其余 DDT	驾驶人和系统	驾驶人	驾驶人	有限制
2	部分驾驶自动化	由驾驶自动化系统持续执行特定（ODD）的 DDT 子任务:横向或纵向运动控制操作,驾驶人完成 OEDR 子任务和监控驾驶自动化系统	系统	驾驶人	驾驶人	有限制

续上表

等级	名称	定义描述	动态驾驶任务(DDT)		DDT 后备	操作设计域(ODD)
			持续横纵向车辆运动控制	目标和实践检测与响应(OEDR)		
		ADS 执行整个动态驾驶任务(启用过程中)				
3	有条件驾驶自动化	由 ADS 持续执行特定(ODD)的整个 DDT,DDT 后备就绪用户能够接受 ADS 发出的干预请求,以及其他车辆系统中与 DDT 执行相关的系统故障,并将作出适当响应	系统	系统	后备就绪用户(应急支援中成为驾驶人)	有限制
4	高度驾驶自动化	由 ADS 持续执行特定 ODD 的整个 DDT 及 DDT 后备,不期望用户干预	系统	系统	系统	有限制
5	完全驾驶自动化	由 ADS 持续无条件(即无具体 ODD)执行整个 DDT 及 DDT 后备,不期望用户干预	系统	系统	系统	无限制

操作设计域(ODD),特定驾驶自动化系统或功能的运行条件,对确保车辆安全运行很重要,因此需要事先仔细规划设计,规划设计的内容;包括但不限于环

境、地理和时间限制,以及某些必要或不必要存在的交通或道路特征。

动态驾驶任务(DDT),在道路交通中操作车辆所需的所有实时操作和策略功能,不包括行程安排和目的地和航路点选择等战略功能,包括但不限于以下子任务:

(1)通过转向控制车辆横向运动(操作)。

(2)通过加速和减速进行车辆纵向运动控制(操作)。

(3)通过目标和事件检测、识别、分类和响应准备(操作和策略)监控驾驶环境。

(4)对象和事件响应执行(操作和策略)。

(5)机动规划(策略)。

(6)通过灯光、鸣喇叭、信号、手势等增强醒目性(策略)。

DDT 的子任务包括监控驾驶环境(检测、识别、分类目标和事件并准备根据需要进行响应),并对这些对象和事件执行适当的响应(即根据需要完成 DDT 和/或 DDT 召回)。

2. 现阶段成熟的"自动驾驶"功能

作为人工智能最接近生活的应用场景,自动驾驶一直被人们寄予厚望,从 2010 年谷歌自动驾驶项目上线开始计算,经过 10 余年的发展,随着大数据、AI、5G 等技术的相继突破和应用,越来越多的自动驾驶技术从实验室走向开放路面。从 2018 年下半年开始,随着 L2 级别量产车型的增多及快速普及,L2 级自动驾驶成为现阶段最成熟的自动驾驶系统,包括以下基本功能。

1) 自适应巡航系统

与早期的定速巡航相比,自适应巡航(Adaptive Cruise Control,ACC)系统可以在保持一定安全距离的前提下,根据前车的速度自动调节本车的跟车速度。通俗地讲就是在一定的速度区间内,前车快本车就快,前车慢本车就慢。升级版的 ACC 还带有跟停起动的功能(全速段的 ACC),即排队功能,当本车跟随前车停止后,如果前车在 3s 内继续起动,本车可以继续跟随前车行驶,这种功能可适用于部分市区路况。

2) 自动制动系统

在特定情况下,自动制动系统(Autonomous Emergency Braking,AEB)会主动帮助驾驶人进行制动,避免或减少事故的发生,这是自动驾驶辅助中必不可少的一项功能,对日常的安全行驶具有很重要的意义。同样地,不同车型上 AEB 的表现也会不尽相同,主要取决于识别率、算法、执行策略等因素,造成不同的制动效果。关于 AEB 欧洲新车安全评鉴协会已经有了完整的测试体系,来评判 AEB 的优劣。但要强调的是 AEB 只是辅助系统,并不是独立的制动系统,不能完全替代驾驶人来作出制动的判断以及产生动作。

3) 车道保持辅助系统

车道保持辅助系统(Lane Keeping Assist System,LKAS)依靠车头前方的摄像头,系统识别路面上的标线,进而让车辆保持在车道中间行驶的辅助功能,适合在高速公路等具备完整标线的路况下使用。其另一功能是车道偏移预警,在监测到车辆偏移原车道时,会发出警报,必要时会试图把车辆拉回原车道。由于是依靠摄像头来识别标线,遇到雨雾等恶劣天气或道路标线不清晰时,系统会自动失效。同样地,这只是一个辅助功能。

4) 人脸识别功能

通过装备车内摄像头,系统可以识别驾驶人的面部表情,除了可以认证身份外,还可以进行疲劳监测与精神集中度监测。通过实时监测驾驶人的面部表情,以鼻子、眼睛和耳朵进行三角测量的算法,判断驾驶人是否注视前方,判定驾驶人的状态,如果出现疲劳驾驶或者分心驾驶,会有相应的声音警报,同时仪表盘也会出现图像文字的预警,警示驾驶人安全驾驶。

5) 自动泊车系统

自动泊车系统(Automatic Parking System,APS)已经能在很多量产车上看到。区分一套自动泊车系统是否优秀方法很简单,就看它是否能同时支持平行库位、垂直库位和斜库位,以及能否快速泊入。泊车功能根据技术难度和技术的演进方向,已经发展了四代。第一代(自动泊车辅助)是最为常见的自动泊车系统,需要驾驶人在车内,按键控制汽车泊车;第二代(遥控泊车)是驾驶人在车外,通过手机控制汽车泊车;第三代(记忆泊车功能)是目前可量产的最为先进的泊车系统,它除了能够实现前两代的功能外,还能根据检测到的停车位信息对整个停车场进行构图,有了停车场地图后,即可将车辆泊入指定库位,实现记忆泊车;第四代技术是基于完全自动驾驶的基础上实现的,目前还在测试阶段,也被称为"最后一公里自动驾驶"。驾驶人只需要将车放在停车场门口,选定车位,汽车便会自动巡航至车位附近,并完成泊车。

6) 高速/环路自主导航驾驶

高速/环路自主导航驾驶是目前在量产车上最为先进的 L2 级别(也有划分为 L2.5 级别)自动驾驶功能。这项功能可以根据导航信息自主完成上下匝道、高速巡航、换道超车,使汽车在高速/环路的上匝道处即可解放驾驶人双手双脚,实现自动驾驶。

在国内,高速/环路自主导航驾驶功能已经在一些品牌的车上完成部署,比如特斯拉的 NOA(Navigate on Autopilot)、小鹏汽车的 NGP(Navigation Guided Pilot)、蔚来汽车的 NOP(Navigation on Pilot)。这项功能除了需要汽车做到360°的环境感知外,还要将导航地图、高精度地图、高精定位功能整合至整套自动驾驶系统中,相比于仅依赖感知车道线的巡航功能,此功能的技术难度要大得多。

7)盲点信息系统

盲点信息系统又称盲点监测,可以通过车门后视镜中的摄像头或雷达传感器检测盲区的车辆。如果有车辆进入驾驶人盲区,车门后视镜或A柱中将出现警示灯。如果驾驶人变道时,盲区内有其他车辆,系统会发出声音或震动警告。这一系统在某些城市的新型公交车上已经开始商业部署。

8)交通标志识别

交通标志识别是使用摄像头扫描道路标志,"理解"转化后将信息传递到仪表板或显示屏。信息会一直显示在屏幕上提醒驾驶人,直到路况发生改变。当然,该系统有时可能会被高速公路上的临时路标欺骗。

除此之外,还有很多各种类型的驾驶辅助功能,比如后碰撞预警、倒车侧向制动、低速移动物体监测系统等。

3. 自动驾驶关键技术概览

完善的自动驾驶系统中会涉及较多的关键要素和技术模块,如图2-7-1、图2-7-2所示。

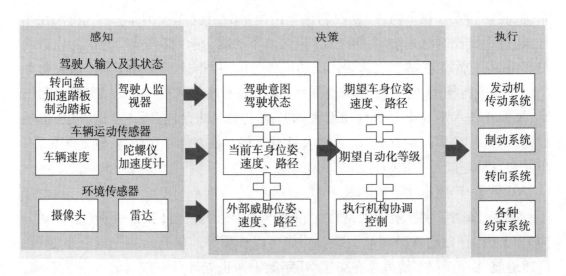

图2-7-1　自动驾驶关键要素

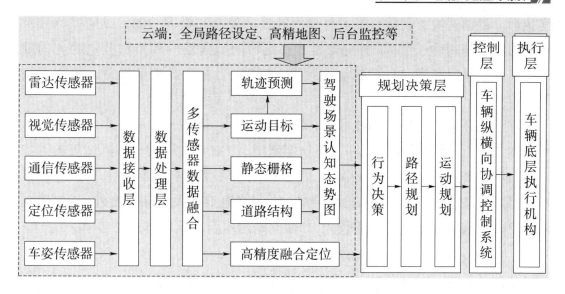

图 2-7-2　自动驾驶关键技术模块

1）环境感知技术

环境感知作为其他部分的基础，处于自动驾驶车辆与外界环境信息交互的关键位置，是实现自动驾驶的前提条件，其主要通过激光雷达、毫米波雷达、超声波雷达、车载摄像头、夜视系统、GPS、陀螺仪等传感器，以及 V2X 和 5G 网络等外部渠道获取汽车所处的交通环境信息和车辆状态信息等，为自动驾驶车辆的决策与规划进行服务。

2）高精度定位技术

精准导航是自动驾驶车辆的基本要求，这不仅需要获取车辆与外界环境的相对位置关系，还需要通过车身状态感知确定车辆的绝对位置与方位。现有技术通常通过惯性导航系统、轮速编码器与航迹推算、卫星导航系统、SLAM 自主导航系统等的结合来实现。

3）决策与规划技术

自动驾驶车辆的行为决策与路径规划是指依据环境感知和导航子系统输出的信息，通过一些特定的约束条件，如无碰撞、行驶效率、安全风险等，规划出预设起止点之间多条可选安全路径，并在这些路径中选取一条最优的路径作为车辆行驶轨迹。决策规划一般划分为任务规划、行为规划和轨迹规划，根据设定的路线规划、所处的环境和车辆自身状态等规划下一步具体行驶任务（车道保持、换道、跟车、超车、避撞等）、行为（加速、减速、转弯、制动等）和路径（行驶轨迹）。

4）控制与执行技术

控制与执行技术是在车辆动力学系统模型与车辆底层执行机构相连接的基础上，对车辆行进、制动、转向等进行控制，使车辆实现对所规划的行驶轨迹的动作执行。自动驾驶控制核心技术是车辆的纵向控制和横向控制。纵向控制涉及车辆的驱动和制动控制,而横向控制主要是转向盘角度的调整以及轮胎力的控制。实现了纵向和横向自动控制,就可以按给定目标和约束条件自动控制车辆的运行。

除上述介绍的环境感知技术、高精度定位技术、决策与规划技术和控制与执行技术之外,自动驾驶车辆还涉及高精度地图、V2X、自动驾驶车辆测试等关键技术。自动驾驶技术是人工智能、高性能芯片、通信技术、传感器技术、车辆控制技术、大数据技术等多领域技术的结合体,技术落地难度大。除此之外,还要建立满足自动驾驶要求的基础交通设施,并建立适用于自动驾驶方面的法律法规等。

4. 现阶段自动驾驶的两大阵营

现阶段自动驾驶技术的发展已经分化出两大阵营:以汽车制造商为代表的 ADAS(Advanced Driving Assistance System,高级驾驶辅助系统)和单车智能技术阵营,以及以互联网企业为代表的人工智能和网联化技术阵营。ADAS 和单车智能技术阵营主要从现有的驾驶辅助安全技术出发,配合感知和控制决策,逐步实现智能化自动驾驶技术;人工智能和网联化技术阵营则直接依靠智能计算及网络通信实现对汽车的控制。除此之外,在系统集成和功能实现等方面,不同技术阵营之间、内部均存在一定差异。

互联网公司偏向于直接实现高等级的自动驾驶,其技术核心——深度学习算法,利用高性能处理器模拟多层神经网络,使机器掌握自主学习的能力。通过对道路场景标定数据的训练,实现神经网络对汽车、行人、标志标线、非机动车等交通因素的准确实时检测。该技术需要通过采集海量数据不断训练和完善自动驾驶模型,以提高汽车系统的深度学习能力和自主决策能力。

汽车制造商的优势主要在于技术积累,具备先发优势且可以直接利用客户资源快速迭代优化其智能系统,但其主营业务是整车的制造和销售。因此,提供更好的驾驶体验是其研发的动力,且仍需顾及研发成果的变现能力。这些顾虑可能会将其自动驾驶研究局限在 ADAS 领域。

综上所述,不管哪种技术路线,实际上都是基于信息感知和处理,实现对行驶环境的准确识别,构建高精度的环境地图驱动行驶,技术路线的基本步骤一样,只是在每个具体步骤中,实现方法有所区别。

二、环境感知技术

环境感知指车辆对于环境中不同场景的理解能力,如障碍物的类型、道路标志及标线、行车车辆、交通信息等。环境感知需要通过不同种类的传感器尽可能获取大量对驾驶有影响的周围环境信息,以确保自动驾驶系统对车辆周围环境的理解正确,并基于此作出相应的规划和决策。

自动驾驶车辆常用的环境感知传感器包括摄像头、激光雷达、毫米波雷达、超声波雷达和红外线等。不同的传感器根据其工作特性不同,布置在车身的不同位置,实现对环境中不同场景信息的收集,详见表2-7-2。

不同传感器的基本情况 表2-7-2

性能	激光雷达	毫米波雷达	超声波雷达	摄像头	红外线
成本	目前很高	适中	很低	适中	适中
探测角度	15°~360°	10°~70°	120°	30°	30°
远距离探测	强	弱	弱	弱	一般
夜间环境	强	强	强	弱	强
全天候	弱	强	弱	弱	弱
不良天气环境	弱	强	一般	弱	弱
温度稳定性	强	强	弱	强	一般
车速测量能力	强	强	一般	弱	一般
路标识别	无	无	无	有	无

1. 激光雷达

激光雷达(LightLaser Detection and Ranging,LiDAR),是激光探测及测距系统的简称,是用激光器作为辐射源的雷达。激光雷达是现阶段高级别自动驾驶技术中一种不可替代的传感器,即利用激光来进行探测和测量。其原理是向周围发射脉冲激光,遇到物体后反射回来,通过来回的时间差,计算出距离,从而对周边环境建立起三维模型。

1)激光雷达的优点

(1)激光雷达分辨率高,并且探测距离很长,在200m以上。

(2)激光的波长短,所以可以探测到非常微小的目标。

(3)激光雷达可以获得极高的角度、距离和速度分辨率,可以利用多普勒成像技术获得非常清晰的图像。

(4)激光直线传播、方向性好、光束非常窄,弥散性非常低,探测精度高。

(5)激光抗有源干扰能力强。自然环境中,能对激光雷达发生干扰作用的信号源并不多。

2）激光雷达的分类

激光雷达根据安装位置的不同可分为两大类。一类安装在汽车的四周，另一类安装在汽车的车顶。安装在车身四周的激光雷达，其激光线束一般小于8个，常见的有单线激光雷达和四线激光雷达。安装在车顶的激光雷达，其激光线束一般不小于16个，常见的有16/32/64线激光雷达。

（1）单线激光雷达。

单束激光发射器在激光雷达内部进行匀速旋转，每旋转一个小角度即发射一次激光，轮巡一定的角度后，就生成了一帧完整的数据。因此，单线激光雷达的数据可以看作是同一高度的一排点阵。单线激光雷达的数据缺少一个维度，只能描述线状信息，无法描述面状信息。假设前方是一块板状障碍物，单线激光雷达可以探测出板相对激光雷达的距离，但却无从得知这块板的高度信息。

（2）四线激光雷达。

四线激光雷达将四个激光发射器进行轮询，一个轮巡周期后，得到一帧的激光点云数据。四条点云数据可以组成面状信息，这样就能够获取障碍物的高度信息。

根据单帧的点云坐标可以得到障碍物的距离信息。根据多帧的点云的坐标，对距离信息做微分处理，可得到障碍物的速度信息，从而判断障碍物的运动方向。

（3）16/32/64线激光雷达。

16/32/64线的激光雷达的感知范围为360°，为了最大化地发挥它们的优势，它们常被安装在无人车的顶部。激光雷达的线束越多，对物体的检测效果越好。例如64线的激光雷达产生的数据，可以轻易检测到路边的路像。

激光雷达只能提供原始的点云信号，研究人员还需在点云数据基础上，自行研究算法完成自动驾驶车辆的环境感知工作。

3）激光雷达的信息处理方式

激光雷达点云数据的一般处理方式有：数据预处理（坐标转换，去噪声等）、聚类（根据点云距离或反射强度）、提取聚类后的特征、根据特征进行分类等后处理工作。

2. 毫米波雷达

毫米波雷达是频率在10~200GHz的电磁波，由于其波长在毫米量级，因此处于该频率范围的电磁波也被工程师们称为毫米波。在推进自动驾驶技术发展的过程中,为了解决摄像机测距、测速不够精确的问题,工程师们选择了毫米波雷达作为测距和测速的解决方案。毫米波雷达不仅拥有成本适中的优点,而且能够完美处理激光雷达所处理不了的沙尘天气。毫米波雷达相比激光有更强的穿透性,能够轻松地穿透保险杠上的塑料,因此常被安装在汽车的保险杠内。

1)毫米波雷达的优点

(1)较大的波长可以穿透雾、烟、灰尘等激光雷达难以穿透的障碍,较好地免疫恶劣天气对工作稳定性的影响。

(2)与厘米波导引头相比,毫米波导引头具有体积小、质量轻和空间分辨率高的特点。

(3)与红外、激光等光学导引头相比,毫米波导引头穿透雾、烟、灰尘的能力强,传输距离远,具有能全天候使用的特点。

(4)性能稳定,不受目标物体形状、颜色等干扰,能很好地弥补红外、激光、超声波、摄像头等其他传感器在车载应用中的不足。

毫米波雷达能够监测到大范围内车辆的运行情况,同时对于前方车辆的速度、加速度、距离等信息的探测也更加精准,因此是 ACC 系统、AEB 系统的首选传感器。

2)毫米波雷达的种类

应用在自动驾驶领域的毫米波雷达主要有 3 个频段,分别是 24GHz、77GHz 和 79GHz。不同频段的毫米波雷达有着不同的性能和成本。

(1)短距离雷达:24GHz 频段。

处在该频段上的雷达的检测距离有限,因此常用于检测近处的障碍物(车辆)。一般在汽车车身的 4 个角安放该雷达,能够实现的 ADAS 功能有盲点检测、变道辅助等;在自动驾驶系统中常用于感知车辆近处的障碍物,为换道决策提供感知信息。

(2)长距离雷达:77GHz 频段。

性能良好的 77GHz 雷达的最大检测距离可以达到 160m 以上,因此常被安装在前保险杠上,正对汽车的行驶方向。长距离雷达能够用于实现紧急制动、高速公路跟车等 ADAS 功能。

(3)长距离雷达:79GHz 频段。

该频段的传感器能够实现的功能和 77GHz 一样,也是用于长距离的测量。

根据公式,光速 = 波长 × 频率,频率越高的毫米波雷达,其波长越短。波长越短,意味着分辨率越高;而分辨率越高,意味着在距离、速度、角度上的测量精度更高。因此 79GHz 的毫米波雷达必然是未来的发展趋势。

3）毫米波雷达面临的挑战

（1）数据稳定性差。

对于诸如工作在 77GHz/79GHz 频段的毫米波汽车雷达传感器，由于其信号的波长很短，其电路性能和一致性非常容易受到多方面因素的影响，如材料所使用铜箔类型及铜箔的表面粗糙度、介电常数随温度的变化、材料的吸湿性，以及材料是否含有玻璃布而带来玻纤效应等都需要考虑，从而确保传感器对物体和速度的精确检测和定位。数据的不稳定性对后续的软件算法提出了较高的要求。

（2）对金属敏感。

由于毫米波雷达发出的电磁波对金属极为敏感，在实际测试过程中会发现近处路面上突然出现的钉子、远距离外的金属广告牌都会被认为是障碍物。一旦车辆高速行驶，被这些突然跳出的障碍物干扰时，会导致制动不断，使得汽车的舒适性与安全性下降。

（3）高度信息缺失。

毫米波雷达的数据只能提供距离和角度信息，不能像激光雷达那样提供高度信息。没有高度信息的障碍物"点云"会给技术开发带来很多挑战。

3. 超声波雷达

常见的超声波雷达有两种：第一种是安装在汽车前后保险杠上的，也就是用于测量汽车前后障碍物的倒车雷达，称为 UPA；第二种是安装在汽车侧面的，用于测量侧方障碍物距离的超声波雷达，称为 APA。

UPA 超声波雷达的探测距离一般为 15～250cm，主要用于探测汽车前后方的障碍物。

APA 超声波雷达的探测距离一般为 30～500cm。APA 的探测范围更远，因此相比于 UPA 成本更高，功率也更大。APA 的探测距离优势让它不仅能够检测左右侧的障碍物，而且还能根据超声波雷达返回的数据判断停车库位是否存在。

超声波雷达具有如下两个特性。

1）对使用环境温度敏感

超声波雷达的测距原理和激光雷达、毫米波雷达类似，距离 = 传播速度 × 传播时间/2。不同的是，激光雷达和毫米波雷达的波速都为光速，而超声波的传播速度与温度相关。他们的关系为：$C = C_0 + 0.607 \times T$，C_0 为零度时的声波速度（332m/s），T 为温度（单位：℃）。因此即使对于同一相对位置的障碍物，在不同温度的情况下，超声波测量的距离也会不一样。

在使用该类型传感器时,面对外界环境温度的变化,一般采用两种方式保证数据的可用性:一是选择将超声波雷达的测距进行保守计算;二是将温度信息引入自动驾驶系统进行自动校正,提升测量精度。

2)无法精确描述障碍物位置

超声波雷达在工作时会返回一个探测距离的值。对于处于雷达波覆盖面内与雷达距离相同 A 和 B 来说,都会返回相同的探测距离 S。所以在仅知道探测距离 S 的情况下,通过单个雷达的信息是无法确定障碍物是在 A 处还是在 B 处的。

4. 视觉传感器

人类获取外界信息 75% 依靠视觉系统,视觉是人类认知世界重要的功能手段。在驾驶环境中,这一比例甚至高达 90%。如果能够将人类视觉系统应用到自动驾驶领域,无疑将会大幅提高自动驾驶的适应性,这正是当前计算机科学和自动驾驶技术领域热门的研究方向之一——机器视觉技术。

机器视觉技术发展至今已有 20 多年的历史,而真正发生革命性进步的则是莫尔视觉计算理论的提出,通过实现神经网络相关算法使机器拥有同人类视觉系统同样的功能提供了可能。专用高速图像处理单元,也就是把存入的大量数字化信息与模板库信息进行比较处理,并快速得出结论,其运算速度和准确率是关键指标。这主要通过高效合理的算法和处理能力强大的芯片来实现。一般来说,机器视觉系统包含有镜头、摄像系统和图像处理系统,要捕获得足够准确的环境信息,"摄像机"是所有车载传感器中,感知能力最强(丰富)的。

1)摄像机的分类

摄像机根据镜头和布置方式的不同主要有以下四种:单目摄像机、双目摄像机、三目摄像机和环视摄像机。

(1)单目摄像机。

单目摄像机模组只包含一个摄像机和一个镜头。由于很多图像算法的研究都是基于单目摄像机开发的,因此相对于其他类别的摄像机,单目摄像机的算法成熟度更高。但是单目模式有着两个先天的缺陷。一是它的视野完全取决于镜头,如焦距短的镜头视野广,但缺失远处的信息,而长焦镜头缺失近处细节信息。

(2)双目摄像机。

由于单目测距存在缺陷,双目摄像机应运而生。相近的两个摄像机拍摄物体时,会得到同一物体在摄像机的成像平面的像素偏移量。有了像素偏移量、相机焦距和两个摄像机的实际距离这些信息,根据数学换算即可得到物体的距离。将双目测距原理应用在图像上每一个像素点时,即可得到图像的深度信息。深度信息的加入,不仅便于障碍物的分类,更能提高高精度地图定位匹配的精度。虽然双目能得到较高精度的测距结果和提供图像分割的能力,但双目摄像机对于算法的匹配要求很高,测距原理对两个镜头的安装位置和距离要求也较多。

(3) 三目摄像机。

由于单目和双目都存在某些缺陷,因此广泛应用于自动驾驶的摄像机为三目摄像机。三目摄像机其实就是三个不同焦距单目摄像机的组合。根据焦距不同,每个摄像机所感知的范围也不尽相同。三个摄像头的感知范围由远及近,分别为前视窄视野摄像头(最远感知250m)、前视主视野摄像头(最远感知150m)及前视宽视野摄像头(最远感知60m)。软件部分需要关联三个摄像机的数据,对算法匹配的要求更高。

(4) 环视摄像机。

之前提到的三款摄像机,它们所用的镜头都是非鱼眼(球状)的(为了保证低失真度)。环视摄像机的镜头是鱼眼镜头(为了获得更大的视野),用于提供"360°全景显示"功能。利用车身周围安装多个超广角(鱼眼)摄像头,同时采集车辆四周的影像,经过图像处理单元矫正、拼接之后,能形成一幅车身四周的全景俯视图。在屏幕上,可以直观地看到车辆所处的位置以及车辆周报的障碍物,从容操纵泊车入位或通过复杂路面。这也是现阶段最常见的机器视觉计算技术。

2) 摄像机的功能

摄像机在自动驾驶上的应用,主要是发挥其"感知"和"定位"的功能。

(1) 感知能力。

①车道线。车道线是摄像机能够感知的最基本的信息,拥有车道线检测功能即可实现高速公路的车道保持功能。

②障碍物。障碍物的种类多,通过"视觉"感知(辨认)取决于算法匹配的结果,例如常见的汽车、行人、自行车、摩托车、货车,甚至动物都是可以检测到的。

③交通标志牌和地面标志。这些感知信息更多的是作为道路特征与高精度地图做匹配后,辅助定位。

④可通行空间。可通行空间表示自动驾驶车辆可以正常通行的区域。可通行空间可以让车辆不再局限于在车道内行驶,可实现更多跨车道的超车功能等。

⑤交通信号灯。空间交通信号灯状态的感知能力对于在城区行驶的自动驾驶车辆十分重要,这里不单有颜色感知,还包括了灯号的颜色形状。

(2) 定位能力。

随着自动驾驶技术的发展,基于摄像头及人工智能算法的视觉定位与导航技术成为了自动驾驶的主流技术路线之一。视觉定位与导航技术通常采用 SLAM(Simultaneous Localization And Mapping,同步定位与建图)的方式构建一个几何地图,然后在地图中进行路径规划和导航。在每一个时刻,自动驾驶系统可以通过使用当前图像和地图比对的方式,或者采用视觉里程计算的方式,估计当前车辆(相机)的位姿进行该车辆的定位。当然这些都属于当今自动驾驶领域最前沿的技术研究。

5. GPS + IMU

GPS 由 GPS 接收机和卫星天线组成,主要通过卫星来计算我们当前的位置和速度。通过测量从卫星上接收信号的时间,设备能够实现精确度在 10m 左右的定位。使用有地面基准站差分全球定位系统(DGPS),定位精确度被提升到了 1m。但"城市峡谷"区域一直是 GPS 定位的痛点,原因是城市峡谷的环境使用户无法接收到 GPS 信号或 GPS 信号接收受干扰,导致 GPS 无定位结果或定位精度差。这是"有源定位"固有的缺点,无法从算法上来克服。针对这个问题,GPS + IMU 的多传感器融合方案越来越受到重视,因为"无源定位"的 IMU 恰好可以弥补 GPS 的部分短板。

IMU(惯性测量单元,陀螺仪)是用于测量物体三轴姿态角(或角速率)以及加速度的装置。一般情况下,一个 IMU 包含了三个单轴的加速度计和三个单轴的陀螺仪,加速度计检测物体在载体坐标系统独立三轴的加速度信号,而陀螺仪检测载体相对于导航坐标系的角速度信号,测量物体在三维空间中的角速度和加速度,并以此解算出物体的姿态。

定位过程中,GPS 的作用是确定首个可参考位置点,但这个点的范围比较大(1~10M 级别)。IMU 的作用是在获得这个"大"点的基础上,高频地作出修正,不断地对位置点进行推算,从而获得更精确的"小"点。在自动驾驶系统中,GPS 的更新频率一般为 10Hz,IMU 的更新频率一般为 100Hz。在 0~100ms 的周期中,使用 IMU 进行 9 次位置的估计,待新的 GPS 定位数据进来后,又加入修正参照,以此实现高频率的定位结果输出。GPS 与 IMU 相辅相成,就可以实现自动驾驶车辆的稳定定位。工程师还开发了基于视觉增强的高精度定位(VEPP)技术,该技术通过融合 GNSS 全球导航卫星、摄像头、IMU 惯性导航和轮速传感器等多个汽车部件的信息,通过各传感器之间的相互校准和数据融合,实现精确到车道线的全球实时定位。

三、高精度地图技术

高精度地图,通俗来讲就是精度更高、数据维度更多的电子地图。精度更高体现在精确到厘米级,数据维度更多体现在其包括了除道路信息之外的与交通相关的周边静态信息。

1. 高精度地图与传统电子地图的区别

(1)精度。一般电子地图精度在米级,商用 GPS 精度为 5~10m。高精度地图的精度为厘米级(Google、Here 等高精度地图精度在 10~20cm 级)。

(2)数据维度。传统电子地图数据只记录道路级别的数据,如道路形状、坡度、曲率、铺设、方向等。高精度地图在传统电子地图数据基础上,增加有诸如高架物体、防护栏、树、道路边缘类型、路边地标等大量目标数据。高精度地图能够明确区分车道线类型、路边地标等细节。

(3)作用和功能。传统地图起辅助驾驶的导航功能,在本质上与传统的纸质地图是类似的。而高精度地图通过"高精度+高动态+多维度"数据,拥有为自动驾驶提供自变量和目标函数的功能。

(4)使用对象。传统电子地图面向的是驾驶人,其数据形式需要被人看得懂。而高精度地图面向的是"机器(车辆)",其数据需要被自动驾驶车辆"看得懂"。

(5)数据的实时性。高精度地图对数据的实时性要求非常高。根据博世在 2007 年提出的定义,自动驾驶时代所需的局部动态地图(Local Dynamic Map)根据更新频率划分可将所有数据划分为四类:永久静态数据(更新频率约为 1 个月)、半永久静态数据(频率为 1h)、半动态数据(频率为 1min)、动态数据(频率为 1s)。传统导航地图可能只需要前两者,而高精度地图为了应对各类突发状况,保证自动驾驶的安全实现需要更多的半动态数据以及动态数据,这大大提升了对数据实时性的要求。

高精度地图的主要结构化数据见表 2-7-3。

高精度地图的主要结构化数据　　　　表 2-7-3

车	道	对	象
道路几何形状	车辆几何形状	障碍物	路牙
功能类	坡度	隧道	立交桥
曲率	航向	交通标志	机架
车道数	车道类型	消防栓	测速
拓扑结构	车道宽度	轮廓标	树
车道标识	车道限速	电话亭	收费站

续上表

车	道	对	象
车道开始	车道结束	电线杆	沟通
交换区域	车辆联通	信号灯	建筑物
交叉引用	航位推测	箭头	公交站
		停车场	管道

2. 高精度地图的作用

1) 高精度地图与传感器

高精度地图可以看作是服务于自动驾驶的另一类传感器，同时也是最稳定、视觉范围最广的传感器。对于一般的传感器而言，并未实现尽量较少的提供冗余数据(主要是考虑到芯片的处理数据速度)，而高精度地图可以提供冗余，当某些传感器数据缺失时，可以利用地图数据进行推算。高精度地图也可以用于与其他传感器获取的数据相互校验，当同一个场景下有多个数据来源时，可以校验其他传感器数据的可信度，提高整个系统的准确度。

在检测静态物体方面，高精度地图具有的优势包括：

(1) 所有方向都可以实现无限广的检测范围。

(2) 不受环境、障碍或者干扰的影响。

(3) 可以"检测"所有的静态及半静态的物体。

(4) 不占用过多的处理能力。

(5) 已存有检测到的物体的逻辑，包括复杂的关系。

2) 高精度地图的主要功能

(1) 地图匹配定位。高精度地图相对于传统地图有着更多维度的数据，比如道路形状、坡度、曲率、航向、横坡角等。通过更高维数的数据结合高效率的匹配算法，高精度地图能够将车辆位置精准地定位在车道上，从而提高车辆定位的精度。

(2) 辅助环境感知。对传感器无法探测的部分进行补充，进行实时状况的监测及外部信息的匹配，如通过对高精度地图模型的提取，可以将车辆位置周边的道路、交通、基础设施等对象及对象之间的关系提取出来，提高车辆对周围环境的鉴别能力。

(3) 路径规划。高精度地图的规划能力下沉到了道路和车道级别。同时在云计算的辅助下，能有效地为自动驾驶车辆提供最新的路况，帮助无人车重新制定最优路径。

3. 高精度地图的数据特征类型

与传统电子地图相似,高精度地图的数据结构也是分层的。

高精度地图的底层是一个基于红外线雷达传感器建立的精密二维网格。这个二维网格的精度保证在5cm×5cm左右。网格中存储的数据包括:可以行使的路面、路面障碍物、路面在激光雷达下的反光强度等。自动驾驶车辆可以通过对其传感器搜集到的数据及其内存中的高精度二维网格进行比对,从而确定车辆在路面的具体位置。

在二维网格参照系的基础上,高精度地图还包括路面的语义信息,比如道路标识线的位置和特征信息、车道特征。这些路面语义信息可以发挥环境辅助感知作用。

高精度地图还包括道路标识牌、交通信息号等相对于二维网格的位置。其作用包括:

(1)提前提示自动驾驶车辆在某些特定的位置检测相应的交通标示牌或者交通信息灯,提高检测速度。

(2)在自动驾驶车辆在没有成功检测出交通标示牌或者信号灯的情况下,确保行车的安全。

4. 高精度地图采集方式

高精度地图有着与传统地图不同的采集原理和数据存储结构。传统地图多依靠拓扑结构和传统数据库存储,将各类现实中的元素作为地图中的对象堆砌于地图上,而将道路存储为路径。在高精度地图中,为了提升存储效率和机器的可读性,地图在存储时被分为了矢量和对象层。

(1)实地采集。高精度地图制作的第一步,一般通过采集车实地采集完成。采集的核心设备为激光雷达,通过激光的反射形成环境点云从而完成对环境各对象的识别。高精度地图采集员驾驶采集车以60~80km/h的速度行驶,每天至少采集150km的高精度地图数据。在采集过程中,采集员不仅要不断确认采集设备是否工作正常,而且需要根据天气和环境情况来选择不同的摄像头参数。

(2)融合、识别。这一环节是把不同传感器采集的数据进行融合,即把GPS、点云、图像等数据叠加在一起,进行道路标线、路沿、路牌、交通标志等道路元素的识别,包括人工处理、深度学习的感知算法(图像识别)等。一般来说,采集的设备越精密、采集的数据越完整,需要算法去降低的不确定性就会越低。

(3)后续更新。后续更新主要针对道路的修改和突发路况,对于修正后的数据,需要上传到云端,最终形成的高精度地图也通过云平台进行分发。这一方面有较多的处理方式,比如众包+深度学习、与政府的实时路况处理部门合作等。

四、决策与规划系统

在自动驾驶技术体系中,环境感知系统可以看作是人的眼睛和耳朵,那么决策与规划系统则相当于自动驾驶车辆的大脑。自动驾驶车辆根据各类传感器输入的各种参数数据生成符合期望的路径,并将与之配套的控制量提供给后续的控制器,所以决策与规划是决定自动驾驶车辆在行驶的过程当中能否顺畅,以及准确地完成各种驾驶行为的核心。

1. 决策与规划系统的内容

1)决策与规划系统的主要内容

(1)驾驶任务规划:即全局路径规划,主要的规划内容是指行驶路径范围的规划。当自动驾驶车辆上路行驶时,融合 GPS、高精度地图等定位技术对未来需要行经的路段和途经区域顺序进行排列规划,为车辆提供方向引导的行为决策方案(如由 A 点到达 B 点)。

(2)驾驶路径规划:即路径局部规划,自动驾驶车辆中的路径规划算法会在行驶任务设定之后,结合车辆自身执行机构的物理参数,对路径的曲率和弧长等进行综合考量,将完成任务的最佳路径选取出来,包括避免碰撞和保持安全距离的内容。

自动驾驶在技术上的竞争,核心在于决策环节。要区分车辆上是一个 ADAS 还是自动驾驶系统,主要看该系统能否具有独立决策功能,就是这辆车对于从 A 点到 B 点的任务,是否能自主思考并作出决定。

各家开发的自动驾驶系统的核心竞争力,都是体现在其决策算法方面。决策算法面临的最大挑战是如何达到自动驾驶所需要的极高安全性和可靠性,目前很多科技公司,如谷歌、百度等,都在使用深度学习算法,加强自动驾驶系统学习端到控制执行端的训练,从传感器的输入,产生结果导出控制器,形成比如制动、加速、转向等的输出。但深度学习也存在明显的问题,其依赖于概率推理,也就是相关性,而非因果推理,而这两者是有本质不同的,对于是否满足自动驾驶安全性与可靠性的要求,还有待研究实践。

2)决策与规划系统的四个关键环节

图 2-7-3 所示为自动驾驶系统决策与规划系统的架构关系。

(1)信息融合:完成自动驾驶系统中不同传感器间数据的关联和融合,建立车辆周边环境模型。传感信息融合,是将多个传感器输出的信息统一在车辆做标记的系统之下,建立具有时间标记的数据关联和融合,保证场景数据信息的连贯性和适用性。

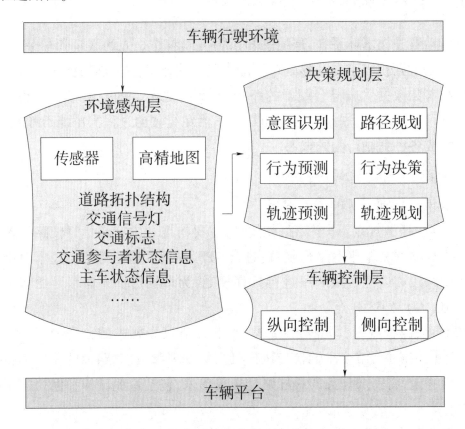

图 2-7-3　自动驾驶系统决策与规划系统架构图

(2)任务决策:是完成自动驾驶车辆的全局路径规划任务。作为自动驾驶系统的智能核心部分,系统接收到传感器感知融合的信息,通过多种算法使车辆能"看懂"所处的外界场景信息。

(3)轨迹规划:指在不同的局部环境之下,对自动驾驶车辆运动控制状态的规划。轨迹规划是根据局部环境信息、上层决策任务和车身的实时位置、姿态信息,在满足相关的运动学约束之下,以自动驾驶车辆的安全、合规、高效舒适为基础,规划决断出满足局部空间(一般为二维平面)和时间内容期望的运动轨迹,包括行驶轨迹、速度、方向和状态等。从全局的角度规划安排到具体行驶的任务,从而实现控制自动驾驶车辆融入交通流。

(4)异常处理:作为预留的自动驾驶系统安全保障机制,一方面当遇到由于复杂、恶劣行驶环境、不当使用习惯、突发情况等造成车辆机械器部件松动、传感器部件失效等情况时,能够通过预警和容错机制维持车辆安全运行或制动;另一方面是当遇到由于决策过程当中某些算法参数设置不合理、推理逻辑、规则还不完备等原因导致自动驾驶车辆的"行为动作"出现某些错误,或陷入死循环等情况时,能够进行自我错误修复纠正,使自动驾驶车辆能自主地跳出错误状态,在确保安全的前提下,朝着完成既定任务的方向继续前进或制动。

2. 决策与规划运用的技术方法

决策与规划是自动驾驶的关键部分之一,它首先是融合多传感器信息,然后根据驾驶需求进行任务决策,接着能够在避开存在的障碍物前提之下,通过一些特定的约束条件,规划出两点之间多条可以选择的路径,并自主在这些路径当中选择一条最优的路径,作为车辆行驶轨迹。典型的决策与规划系统可分为三个层次:全局路径规划层(Route Planning)、行为决策层(Behavioral Layer)以及运动规划层(Motion Planning)。

1)全局路径规划层

全局路径规划由获取到的地图信息,结合高精度地图信息和本车的当前位置与姿态信息,生成一条最优的全局路径,作为后续局部路径规划的参考和引导。这是一种事前规划,类似于我们日常生活中使用的"导航"功能——输入出发地与目的地,App就会自动规划出一条最优路径。这里的"最优"不是一个固定值,而是系统根据无碰撞、路径最短、时间最快或必须经过指定点等条件,生成的一个"当时"方案。全局路径规划需要预先知道环境的准确信息,当环境发生变化时,原规划结果很可能就会失效。常见的全局路径规划算法包括Dijkstra算法、A-Star算法,以及在这两种算法基础上的多种改进算法。

Dijkstra(单源最短路径)算法是由科学家Edsger W. Dijkstra在1956年提出的,主要用于解决寻找图形中节点之间最短路径的问题。

这种算法的优点是给出的路径是最优的,但是缺点也明显,那就是计算复杂度较高,因为是向周围探索,没有一个明确的方向。

A-Star算法由Stanford研究院的Peter Hart, Nils Nilsson以及Bertram Raphael于1968年发表,被认为是Dijkstra算法的扩展。

这种算法的实质为宽度优先搜索,通过在宽度优先搜索的基础上增加条件控制,以尽快找到目标节点。其公式表示为:$f(n)=g(n)+h(n)$,其中$f(n)$是从初始点经由权节点n到目标点的估价函数,$g(n)$是在状态空间中从初始节点到n节点的实际代价,$h(n)$是从n到目标节点最佳路径的估计代价。

2)行为决策层

行为规划(Behavior Planning)是自动驾驶决策与规划系统中的一层,位于全局任务规划和底层的运动规划层之间,这一层的作用主要是依据来自上层(全局任务规划层)的全局最优行驶路线信息,根据当前的交通场景和环境感知信息的理解,来确定自身当前驾驶状态,在交通规则的约束和驾驶经验的指导下规划出合理的驾驶行为。

行为规划部分直接关系自动驾驶车辆行车行为的可靠性和安全性,要符合驾驶人习惯和交通规则是行为规划系统的基本要求,其设计理念包括以下两点:

(1)合理性。自动驾驶车辆驾驶的合理性建立在交通法规和驾驶经验上,前者是限制条件,后者是基础,其中交通法规的优先级要高于驾驶经验。交通法规需要考虑的内容包括车道使用规范、路段速度限制、灯号使用规则、交通信号灯和交通标志应对、紧急制动等,驾驶经验需要考虑的内容主要包括行车"礼仪"、驾驶风格、行车预判等。

(2)实时性。与全局路径规划不一样,任何自动驾驶系统中的行为规划都是实时的,行为规划应当能够处理复杂的动态交通场景,并且能够根据环境的变化快速地调整驾驶行为,以避免危险的发生。

在行为决策层上,现在技术上并没有一个"最佳解决方案",用得较多的算法包括有限状态机、决策树、基于知识的推理决策模型等。

(1)有限状态机(FSM)。有限状态机是表示有限个状态以及在这些状态之间的转移和动作等行为的数学模型,它是一个非常简单的抽象反应系统,只对特定的外界输入(感知)产生数量有限的响应(决策),实现从一个状态跳到另一个状态。

(2)决策树。决策树通过当前驾驶状态的属性值反应式地选择不同的驾驶动作,但不同的是该类模型将驾驶状态和控制逻辑固化到了树形结构中,通过自顶向下的"轮巡"机制进行驾驶策略搜索。

(3)基于知识的推理决策模型。其通过"场景特征-驾驶动作"的映射关系来模仿驾驶人的行为决策过程,该类模型将驾驶知识(规则、案例、场景和示范)存储在知识库或者神经网络中,提取行为特征建立与驾驶动作的映射关系,以"查询"机制从知识库或者训练过的神经网络结构中推理出与特征匹配驾驶动作。

行为决策过程中的三个难题是:

(1)实际的交通场景千变万化,需做到使用通用决策算法进行普遍覆盖。

(2)其他交通参与者的行为存在不确定性,不仅需要对其行为作出预测,还需要考虑本车与其他交通参与者的博弈。

(3)需应对感知系统提供的信息误差与遗漏。

3)运动规划层

运动规划是自动驾驶技术中的关键一步,根据具体的行为决策,整合出一条满足各种约束条件(如安全性、平顺性、车辆本身的动力学约束等)的轨迹。

运动规划可进一步分为局部路径规划和速度规划,即将"行为"转化成一条更加具体的行驶"轨迹",从而能够生成一系列控制信号(加速度、转向盘转角、挡位、灯光等),实现车辆的自动行驶。

局部路径规划和速度规划算法,常用的有基于搜索的规划算法、基于采样的规划算法,以及直接优化的方法。

3. 决策与规划的技术结构体系

决策与规划系统是自动驾驶系统智能性的直接体现,对车辆的行驶安全性和整车起到了决定性的作用。自动驾驶决策与规划领域常见的技术结构体系可分为分层递阶式、反应式以及二者混合式。

1)分层递阶式结构体系

分层递阶式结构体系可以理解为一个串联体系,自动驾驶系统的各个模块(层)按一个固定的层次序列安排在一条直线上,数据必须经过上一个模块(层)处理后,内容才能进入到下一模块(层),如图2-7-4所示。

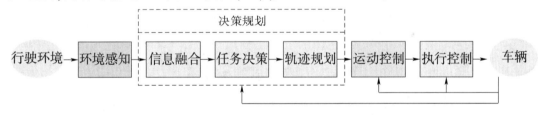

图2-7-4　分层递阶式结构体系

分层递阶式结构体系的优点是各模块(层)顺序分明,层层递进式的结构让每个模块(层)所需处理的数据范围逐渐缩小,处理问题的准确度逐渐上升,更容易实现高层次的智能控制。

但是,这种体系结构下也会存在一些问题。首先,分层递阶式体系结构需要实时调用传感器信息,对传感器的要求较高。其次,分层递阶式的布局,从环境感知到执行控制,中间存在一定延迟,缺乏实时性和灵活性。最后是所有串联模式共有的缺陷——可靠性不足,在该系统当中,自动驾驶系统的各模块之间顺序分明,上一个模块的输出即为下一模块的输入,一旦某个模块出现软件或者硬件故障,整个信息流就会受到影响,整个系统很有可能发生崩溃,甚至处于瘫痪状态,不能满足自动驾驶的安全性需求。

2)反应式结构体系

反应式结构体系与分层递阶式结构体系的最大区别在于,反应式结构体系使用的是并联结构,如图2-7-5所示。

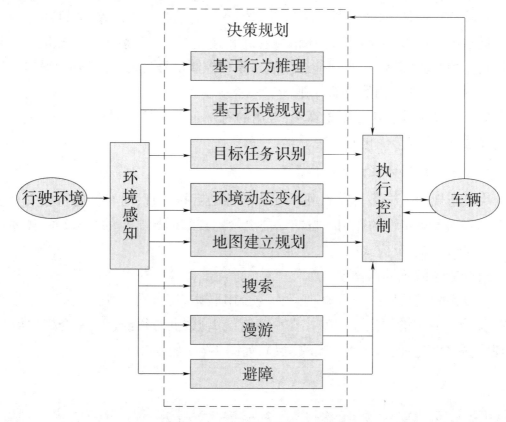

图2-7-5　反应式结构体系

在反应式结构体系中,决策与规划模块(层)内容以并联模式布置,所有模块(层)都可以直接基于传感器的输入进行决策,因此它所产生的动作就是传感数据直接作用的一个结果,可突出"感知-动作"的特点,适用于完全陌生的环境。

反应式结构体系中的许多行为主要涉及成为一个简单的特殊任务,占用存储空间较小,响应快,实时性高,同时每一层只需要负责系统的某一个行为,整个系统可以方便灵活地实现低层次到高层次的过渡,而且并联结构提高了整体结构的稳定性,决策与规划模块内的某一模块(层)出现故障,剩下的模块(层)仍然可以产生有意义的动作,系统的可靠性得到了很大提升。

但反应式结构体系的问题在于,系统执行动作的灵活性同时提高了整体系统运行的复杂度,需要更"智能"的协调机制来解决各个控制回路冲突问题。

3)混合式结构体系

由于分层递阶式结构体系和反应式结构体系均存在某些问题,单独一个体系难以满足自动驾驶处理复杂多变场景的实际需求,所以混合式结构体系(图 2-7-6)受到越来越多的关注。在全局规划的层次上生成面向目标定义的分层式递阶行为,在局部规划的层面上就生成面向目标搜索的反应式结构体系的行为分解,混合式结构体系将两者优点结合,全局规划与局部规划分别适用不同的结构体系,使得自动驾驶车辆能够更加适应复杂多变的真实路况。

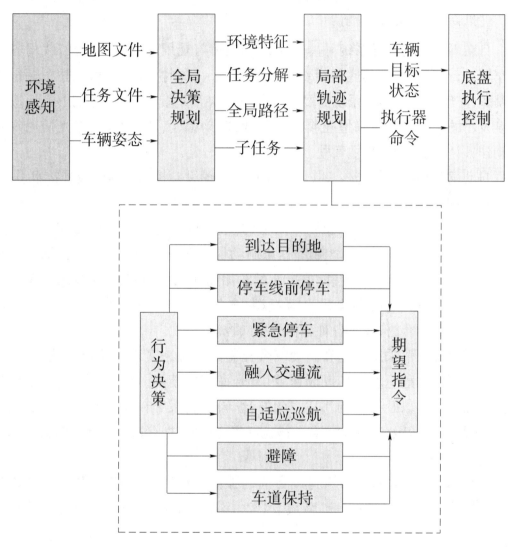

图 2-7-6　混合式结构体系

五、控制与执行系统

在现代汽车系统及模块电子化的趋势下,电子控制执行系统的渗透率不断提升。随着纯电动汽车的发展和传统发动机的消失,传动、转向、制动的动力源与执行方式发生了根本性转变,电动控制执行系统成为基本配置。现阶段,原先由驾驶人施加人力,通过真空和液压等去推动各个系统的方式逐渐被电子化、电动化系统所替代。未来,以这类电信号替代机械力的线控技术将会在自动驾驶时代全面渗透,越来越多的加减速和转向动作需要由"机器"来完成,控制系统收集来自感知层的大量传感器的信息,将其处理分析,感知周围环境,规划驾驶线路,最终通过线控执行系统进行精确操作。

1. 纵向控制与横向控制

自动驾驶控制执行系统是指系统作出决策与规划以后,由系统替代驾驶人对车辆进行控制,联通到底层模块以执行任务。控制执行是自动驾驶车辆行驶的基础,车辆的各个操控系统需要通过总线与决策系统相连接,并能够按照决策系统发出的总线指令精确地控制加速程度、制动程度、转向幅度、灯光使用等驾驶动作,以实现车辆的自主驾驶。

自动驾驶控制执行的核心技术主要包括车辆纵向控制和横向控制技术。

1)纵向控制

车辆纵向控制是在行车速度方向上的控制,即车速以及本车与前后车或障碍物距离的自主控制。巡航控制和紧急制动控制都是典型的自动驾驶纵向控制案例。车辆的驱动与制动控制,是指通过对加速和制动的协调,实现对期望车速的精确掌控。各种电机-发动机-传动模型、汽车运行模型和制动过程模型与不同的控制器算法结合,构成了各种各样的纵向控制模式。

自动驾驶车辆采用加速和制动综合控制的方法来实现对预定车速的跟踪,纵向控制系统对危险场景的反应速度快,避撞控制精确、有效,可最大限度避免交通事故的发生以及人员的伤亡。此外,纵向控制系统在保证行驶安全的前提下,还可缩短车间距离,有效提高道路通行率,减轻因拥堵造成的环境污染。

2)横向控制

车辆横向控制是指垂直于运动方向的控制,目标是控制汽车自动保持期望的行车路线,并在不同的车速、荷载、风阻、路况下提供较好的乘坐舒适性和稳定性。

车辆横向控制主要有以下两种基本设计方法。

(1)基于驾驶人模拟的方法。

①使用较简单的动力学模型和驾驶人操纵规则设计控制器。

②使用驾驶人操纵过程的数据训练控制器获取控制算法。

(2)基于汽车横向运动力学模型的控制方法。

①基于车辆运动学模型的横向控制方法。这种方法主要考虑了车辆的运动学约

束对车辆控制的影响。车辆的运动学模型通常可以简化为两轮的自行车模型,其假设车辆的前后轮均为刚体,只能沿着车轮滚动的方向前进,无侧向滑动。

②基于车辆动力学模型的横向控制方法。基于车辆运动学模型的方法忽略了车辆的动力学特性,因此在车速过快或者曲率变化率过大的情况下,该算法无法满足车辆的稳定性控制要求。典型的基于车辆动力学模型的横向控制方法包括车辆线性二自由度动力学模型的构建、车辆路径跟踪偏差状态方程的构建和LQR横向控制算法的求解。

2. 控制方法(算法)

自动驾驶控制方法可分为两种,分别为传统控制方法与智能控制方法。

1) 传统控制方法

传统的控制方法主要包括PID控制、模糊控制、最优控制、滑模控制(预测模型控制MPC)等,它们有各自的优缺点。

(1) PID控制。PID控制又称比例积分微分控制,是最早发展起来的控制策略之一。

(2) 模糊控制。模糊控制全称为模糊逻辑控制,是以模糊集合论、模糊语言变量和模糊逻辑推理为基础的一种计算机数字控制技术。

(3) 最优控制。最优控制着重于研究使控制系统的性能指标实现最优化的基本条件和综合方法。

(4) 滑模控制。滑模控制也称变结构控制,本质上是一类特殊的非线性控制。

2) 智能控制方法

与传统控制方法相比,智能控制方法更关注于控制对象模型的运用和综合信息学习运用。常见的智能控制方法主要有基于模型的控制、神经网络控制和深度学习方法等。

3. 执行控制机构

执行控制是自动驾驶真正"落地"的基础,若"规划与决策"也无法和执行控制剥离,对执行控制缺乏了解,决策就会无从做起。在执行控制中,要考虑的因素同样很多,如在转向执行环节,在具体与车辆伺服机构交互时,是传入转向角度还是力度？制动是由IPC(Inter-Process Communication,进程间通信)计算力度还是计算制动百分比？这些控制指令的有效执行,与车辆的底盘结构、控制组件等都有关联。

现在自动驾驶车辆的执行控制方式,是工程师们通过特制的"线控装置"控制转向盘和加速踏板。线控装置线控是机电行业特定的短语,是机电控制的一种物理控制方式。线控系统是用电控系统替代机械系统或者液压系统,主要是指信号发生器与信号接收器之间的连接方式是通过线缆或其他动作传到物体进行连接的。简单地说,自动驾驶车辆执行控制机构的核心技术,主要包括线控加速、转向和制动。

1) 线控加速

线控加速(电子加速)技术已经成熟,且在非自动驾驶车辆上已经大量应用,其通过用线束(导线)来代替拉索或者拉杆,在节气门处装一只微型电动机,用电动机来驱动节气门开度。其主要功能是把驾驶人踩下加速踏板的角度转换成与其成正比的电压信号,同时把加速踏板的各种特殊位置制成接触开关,把怠速、高负荷、加减速等发动机工况变成电脉冲信号输送给电控发动机的控制器 ECU(Electronic Control Unit,电子控制单元),以达到供油、喷油与变速等的优化自动控制。

电子加速控制系统主要由加速踏板、踏板位移传感器、ECU、数据总线、伺服电动机和节气门执行机构组成。在自适应巡航系统中,由车身电子稳定系统(Electronic Stability Program,ESP)或汽车电子稳定控制系统(Electronic Stability Control)中的 ECU 来控制电机,进而控制进气门开合幅度,最终控制车速。

2) 线控转向

传统纯机械转向系统几乎被替代,由机械液压助力转向系统(HPS)升级至电子液压助力转向系统(EHPS)之后,由电力驱动的 EPS 逐步占据主流。随着汽车电子化程度不断加深和转向系统电子化渗透率加速,电动助力转向逐步占据主流,而未来自动驾驶时代的到来,将促使进一步向线控转向转化。

线控转向系统(Steer by Wire)取消了传统转向系统的中间轴连接,实现了上转向与下转向的非机械连接(把方向盘下方的连杆取消了),就是把依靠转向管柱连接转向机构(直接力量)来实现转向的传统方式,转换成为通过传感器检测转向盘角度信号,并通过电脑控制伺服电机来实现驱动转向的转向系统。同样地,系统只给电脑输入一个电信号,然后全权由电脑来控制伺服机构的动作。

3) 线控制动

车辆制动系统的发展经历了从真空液压制动(HPB)到电控和液压结合(EHB),到新能源汽车发展的阶段逐步转向纯电控制的机械制动(EMB)和更智能化的线控制动。制动系统电子化是自动驾驶的必由之路。

线控制动是以电子元件来取代液压或者气压控制单元,完全通过信号线接受计算机提供的制动信号来提供制动力。因为制动技术比较复杂,在 ADAS 功能中,许多技术都集中于制动技术,比如 ACC、AEB、ESP、APA 等。

现阶段线控制动技术主要包括电子液压制动(Electronic Hydraulic Brake, EHB)和电子机械制动(Electronic Mechanical Brake,EMB)两种。

模拟实验一　循迹智能小车搭建仿真

随着科技的迅速发展,人工智能技术也日益完善,并开始慢慢应用于越来越多的领域中。其中,仓储物流行业,是人工智能技术发挥的一个重要领域。利用人工智能中的"无人驾驶"技术,可以为线上线下物流运输、仓储配送等方面提供支持,比如京东无人仓三种机器人——大型搬运机器人、小型穿梭车以及拣选机器人的使用,降低了人工成本,也提高了生产效率。本次课就让我们"玩转"智能小车,仿真物流公司中的无人配送车,实现循迹功能。

一、学习目标

(1)了解无人配送车在物流中的运用。
(2)学习仿真物流小车,实现循迹功能。
(3)提升科技创新思维。

二、学习任务

搭建循迹智能小车,让智能小车实现沿黑线行驶。

三、相关知识

1. 场景介绍

智能小车前端安装两个循迹传感器,当左边传感器检测到黑线时,智能小车往右修正路线;当右边传感器检测到黑线时,智能小车往左修正路线,从而实现循迹行驶。

2. 设备清单

本实验所需设备见表 2-7-4。

实　验　所　需　设　备　　　　表 2-7-4

设备			
名称	循迹传感器	TT 马达	马达驱动板 L298N

四、实验步骤

1. 任务说明

智能小车实现循迹行驶:
(1)当左右两边的循迹传感器没有检测到黑线时,智能小车向前行驶。
(2)当左右两边的循迹传感器都检测到黑线时,智能小车停止运行。
(3)当左循迹传感器检测到黑线时,智能小车往右修正路线。
(4)当右循迹传感器检测到黑线时,智能小车往左修正路线。

2. 搭建循迹智能小车仿真

在 linkboy 软件中,找到图 2-7-7 中的设备或模块,进行仿真搭建。

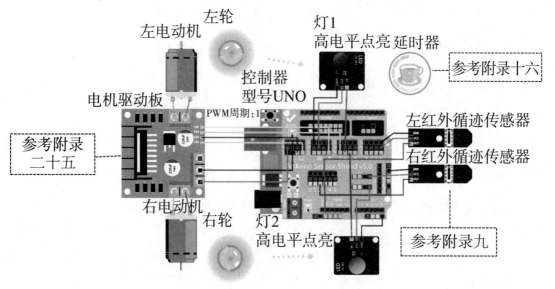

图 2-7-7　循迹智能小车仿真搭建图

注意:由于 linkboy 软件中驱动板与实物有差别,灯 1 和灯 2 分别为左、右电动机的转速控制端。

3. 操作内容

(1)请根据仿真接线,填写图 2-7-8～图 2-7-10 中空白处的内容。

GND:接_____
VCC:接_____
OUT:接_____

(左红外循迹传感器)

图 2-7-8　仿真接线(左红外循迹传感器)

GND：接_____
VCC：接_____
OUT：接_____

(右红外循迹传感器)

图 2-7-9　仿真接线(右红外循迹传感器)

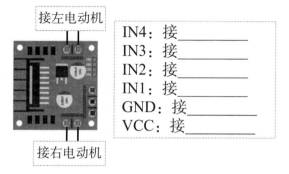

接左电动机
IN4：接_____
IN3：接_____
IN2：接_____
IN1：接_____
GND：接_____
VCC：接_____
接右电动机

图 2-7-10　仿真接线(3)

(2)编程思路。

根据任务说明完善流程图(图 2-7-11),并在 linkboy 软件中编写程序,参考程序可扫描二维码查看。

参考程序

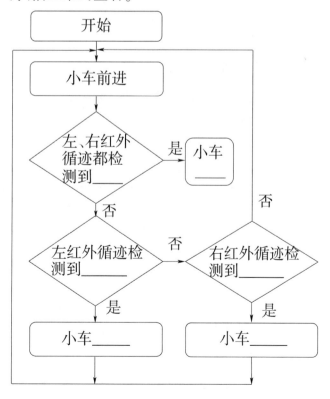

图 2-7-11　流程图

参考附录：

①循迹传感器——附录九。

②如果语句(if语句)——附录十八。

③自定义指令——附录二十二。

(3)完成实验。

完成仿真接线和程序编写后，进行仿真测试，并按照仿真搭建图，进行实物搭建。仿真与实物效果请扫描二维码查看。

仿真效果(1)　　仿真效果(2)　　实物效果

(4)任务小结。

4．评价表

本实验的评价表见表2-7-5。

评 价 表　　　　　　　表2-7-5

评价要点		自评	互评	教师评
仿真效果 (50分)	仿真效果是否与任务要求一致(30分)			
	场景布局效果是否整洁(10分)			
	程序编写是否合理(10分)			
实物搭建 (40分)	真实效果是否与任务要求一致(30分)			
	接线工艺(10分)			
5S管理(10分)	工位是否整洁干净(10分)			
总分				

五、课后思考

(1)上网搜寻资料，了解无人仓储是什么？用到了哪些相关技术？

(2)如果智能小车检测到黑线时亮红灯，没有检测到黑线时亮绿灯，应该如何操作？

模拟实验二　避障智能小车搭建仿真

无人驾驶技术正在飞速地发展,不过现在的无人驾驶技术还不能广泛应用于生活中,其中有一个很重要的原因就是安全性还不能完全有保障。不管无人驾驶技术多高深,一些简单基本的功能还是不能缺少的,比如避障、循迹等功能。在本模块中,借助 Arduino 平台,搭建避障智能小车,模拟无人驾驶的避障技术,初步了解其工作原理。

一、学习目标

(1)了解车辆避障技术在无人驾驶中的运用。
(2)能仿真搭建无人驾驶汽车,实现避障功能。
(3)提升科技创新思维。

二、学习任务

搭建避障智能小车,让智能小车实现躲避障碍物行驶,安全出行。

三、相关知识

1. 场景介绍

智能小车前端安装超声波测距传感器,如果检测到障碍物小于设定的距离时,小车停止并躲避障碍物行驶,否则小车继续直线行驶,从而实现避障行驶。

2. 设备清单

本实验所需设备见表2-7-6。

实验所需设备　　　表2-7-6

设备			
名称	超声波测距传感器	TT 马达	马达驱动板 L298N

四、实验步骤

1. 任务说明

智能小车实现避障行驶:当超声波测距传感器检测到障碍物的距离小于

15cm时,智能小车停止并实现避障行驶,否则智能小车继续向前行驶,从而实现避障功能。

2. 搭建避障智能小车仿真

在linkboy软件中,找到图2-7-12中的设备或模块,进行仿真搭建。

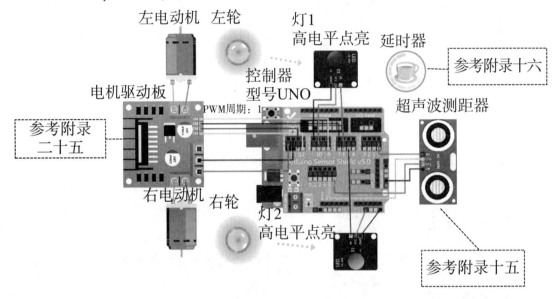

图2-7-12　避障智能小车仿真搭建图

注意:由于linkboy软件中驱动板与实物有差别,灯1和灯2分别为左、右电动机的转速控制端。

3. 操作内容

(1)请根据仿真接线,填写图2-7-13、图2-7-14中空白处的内容。

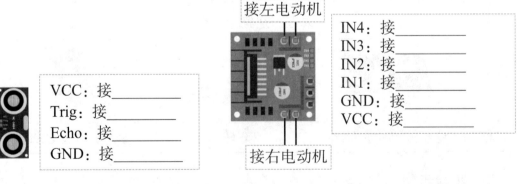

图2-7-13　仿真接线(1)　　　图2-7-14　仿真接线(2)

(2)编程思路。

根据任务说明完善流程图(图2-7-15),并在linkboy软件中编写程序,参考程序可扫描二维码查看。

参考程序

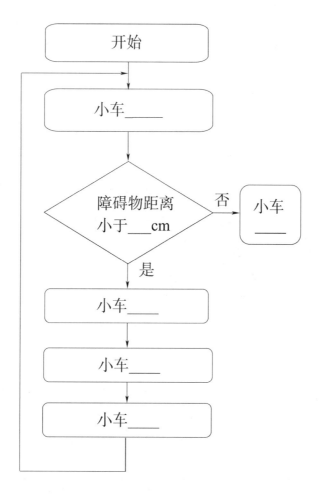

图 2-7-15 流程图

参考附录：

①超声波测距传感器——附录十五。

②如果语句——附录十八。

③自定义指令——附录二十二。

（3）完成实验。

完成仿真接线和程序编写后，进行仿真测试，并按照仿真搭建图，进行实物搭建。仿真与实物效果请扫描二维码查看。

仿真效果（1）　　仿真效果（2）　　实物效果

(4) 任务小结。

4. 评价表

本实验的评价表见表 2-7-7。

评 价 表　　　　　　　　表 2-7-7

评价要点		自评	互评	教师评
仿真效果 (50 分)	仿真效果是否与任务要求一致(30 分)			
	场景布局效果是否整洁(10 分)			
	程序编写是否合理(10 分)			
实物搭建 (40 分)	真实效果是否与任务要求一致(30 分)			
	接线工艺(10 分)			
5S 管理(10 分)	工位是否整洁干净(10 分)			
总分				

五、课后思考

如果智能小车正常行驶时亮绿灯,检测到障碍物时亮红灯,应该如何操作?

模拟实验三　智能小车识别交通信号灯搭建仿真

在 20 世纪 70 年代,一些发达国家就已经开始研究无人驾驶汽车了。目前,随着 5G 网络的飞速发展,无人驾驶汽车的技术也日益完善,相信不久的将来可以实现真正的无人驾驶。在无人驾驶过程中,交通信号灯的识别也是一项比较实用的功能,当然,可能以后交通信号灯也会慢慢淡出我们的视线,不过现阶段对交通信号灯识别的研究还是有一定价值的,比如可以让世界上 7%~8% 的色盲、色弱患者驾驶汽车成为可能。本次课就让我们一起来学习智能小车上的简单颜色识别。

一、学习目标

(1) 了解无人驾驶中,交通信号灯识别的相关知识。

(2) 学习结合智能小车的交通信号灯识别。

(3) 了解先进技术,提高对生活的热爱。

二、学习任务

（1）学习智能小车的代码编程方式。

（2）学习 Pixy 颜色识别模块。

（3）完成智能小车上的交通灯识别。

三、相关知识

1. Pixy 颜色识别

Pixy 是一款在全球极受欢迎的开源视觉传感器（图像识别传感器），它能够让图像识别变得更容易，支持多物体识别，具有强大的多色彩颜色识别及色块追踪能力（最高支持 7 种颜色）。Pixy2 只需按下一个按钮即可识别并记忆需要学习的新物体，让颜色识别变得更加简单。

Pixy 可以学习红、橙、黄、绿、青、蓝、紫 7 种颜色，操作如下：

（1）把 Pixy 跟电脑连接，刚开始 Pixy 的 LED 灯会闪烁几下，要等待 LED 灯不闪后再进行学习。

（2）安装"PixyMon"软件和驱动。

（3）Pixy 的顶部有一个按钮，用来学习颜色。

按住按钮不松手，LED 会变亮，先显示白色，然后是红、橙、黄、绿、青、蓝、紫 7 种颜色循环显示。如果要学习红色，就在 LED 显示红色时，松开按钮，即进入学习红色模式，此时 LED 的颜色就是 Pixy 摄像头所看到的图像中间部分的颜色，当 LED 的颜色跟你所要学习的颜色接近时，再点击一下按钮，即可完成红色的学习。其他颜色的学习也如此操作。如果学习错误，也可以按此操作重新进行学习。

在"PixyMon"软件中，可以为这 7 种颜色标注文字，点击菜单栏上的"file"，再选择"configure"，接着选择"Signature Labels"选项，在对应的地方填写名称即可，如图 2-7-16 所示。

图 2-7-16　标注颜色文字

此外，也可以通过"PixyMon"来进行学习。当你的物体很小或者你想更好地控制哪些像素被用到时，会很有帮助。首先点击工具栏的"Display raw video"，然后点击菜单栏的"Action"，如果想学红色，再点击"Set signature 1"，画面则会变成静止状态，此时用鼠标框选红色物体范围即可，如图 2-7-17 所示。

图 2-7-17　通过"PixyMon"学习颜色

2. Pixy 与 Arduino 的连接

使用"Pixy"自带的数据线连接"Pixy"到 Arduino 板当中。

要想编程使用 Pixy，则需要下载它的库文件，然后打开 Arduino IDE，并通过菜单 Sketch －> Import Library 导入 Pixy 库文件，然后"添加.ZIP 库"，添加完成后，即可使用"#include ＜Pixy.h＞"命令引用 Pixy 库文件。操作过程如图 2-7-18 所示。

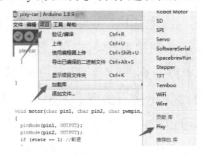

图 2-7-18　引用 Pixy 库文件

3. 实验设备清单

本实验所需设备见表 2-7-8。

实验所需设备　　　　　　　　　　　表 2-7-8

设备			
名称	Pixy	智能小车	多色灯模块

四、实验步骤

1. 任务说明

（1）利用彩色小球，让 Pixy 学习颜色。

（2）在智能小车上连接 Pixy，实现对交通信号灯的识别。

（3）当红灯亮时，智能小车会停下来；当绿灯亮时，智能小车会继续前进。

2. 操作内容

（1）连接线路。

由于小车上加了 Arduino 的拓展板，直接连接 Pixy 会比较困难，我们可以把杜邦线改造一下，再进行连接，如图 2-7-19 所示。

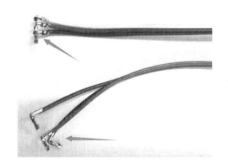

图 2-7-19　连接线路

（2）学习颜色。

先用小球让 Pixy 进行颜色学习，不过由于交通信号灯发亮后的颜色会跟正常的颜色有所差别（会有发白的现象），我们也可以直接对交通信号灯来识别，分别学习红灯和绿灯的颜色，如图 2-7-20 所示。

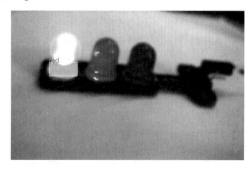

图 2-7-20　学习颜色

（3）编程思路。

参考程序可扫描二维码查看。

参考程序

第一步：先用代码让小车能够行走起来，定义一个函数，如图2-7-21所示。

```
void motor(char pin1,char pin2,char pwmpin,char state,int val)
{
  pinMode(pin1,OUTPUT);
  pinMode(pin2,OUTPUT);
  if (state == 1)  //前进
  {
    analogWrite(pwmpin,val);
    digitalWrite(pin1,0);
    digitalWrite(pin2,1);
  }
}
```

图2-7-21 程序示例(1)

第二步：通过判断Pixy获取到的颜色标签，让小车前行或停止，如图2-7-22所示。

```
if(pixy.blocks[0].signature==1){//signature=1即为红色
    Serial.print("red\nstop");
    motor(8,7,6,0,0);
    motor(13,12,5,0,0);
}else {
    motor(8,7,6,1,100);
    motor(13,12,5,1,100);
    Serial.print("start\n");
}
```

图2-7-22 程序示例(2)

(4)现场测试。

完成接线和程序上传，请扫描二维码观看实物效果。

实物效果

(5)任务小结。

3.评价表

本实验的评价表见表2-7-9。

评　价　表　　　　　　　　　　　表2-7-9

评价要点		自评	互评	教师评
识别效果 (50分)	识别效果是否与任务要求一致(30分)			
	智能小车能否行动(10分)			
	程序编写是否合理(10分)			
实物搭建 (40分)	真实效果是否与任务要求一致(30分)			
	接线工艺(10分)			
5S管理(10分)	工位是否整洁干净(10分)			
总分				

五、课后思考

(1)如果加上黄灯,当黄灯亮时,让智能小车速度慢下来,应该怎样编写程序?把你的思路写下来。

_____

_____

(2)除了Pixy外,你还了解过其他颜色识别的设备与技术吗?

_____

_____

场景八 智慧城市轨道交通

近年来,随着新兴技术的崛起,我国适时提出"交通强国"战略和"智慧城市"部署,全国不少地方在"智慧城市轨道交通"探索中跃跃欲试。比如,"首都智慧地铁"近日在北京地铁6号线亮相,车内有"眼睛",可识别乘客是否佩戴口罩;车窗上放动画,能提醒乘客下一站信息。中车青岛四方机车车辆股份有限公司研制的"CETROVO"技术平台地铁列车会在震动中自主调节车厢悬挂系统,让乘客减少震感……在一些城市,城市轨道交通智慧客服、智能运行、智能维护、智能管理等场景已经初步成型。

任何一个世界级城市群都离不开智慧化的城市轨道交通。所谓"智慧"就是感知技术、数字化、信息化以及大数据技术的综合应用。如今,城市轨道交通正初步朝着以城市轨道交通云为底座的智慧城市轨道交通信息化总体架构的新格局迈进,"智慧"的对象从具体的人、车、轨道到抽象的"系统",涉及的内容也从简单的出行渗入人们的点滴生活,所使用的技术更是越发先进、智能。

知识模块 智慧城市轨道交通认知

知识点

(1)智慧城市轨道交通的内涵。

(2) 智慧城市轨道交通的系统构成。

(3) 智慧城市轨道交通的应用场景。

城市轨道交通是全面开启建设社会主义现代化强国的重要支撑,是建设现代化经济体系的先行领域,也是建设交通强国和智慧城市的重要组成部分。在新一轮科技革命和产业变革的浪潮推动下,我国城市轨道交通行业信息化建设步入快速发展阶段,信息化建设的成果初具规模,改变了传统的建设模式、服务手段和经营方式。随着云计算、大数据、物联网、人工智能、5G、卫星通信、区块链等新兴信息技术的飞速发展,北京、上海、广州等先行城市的智慧城市轨道交通车站建设已经起步,一批后发城市跃跃欲试,全行业正在按照"因地制宜、开拓创新、大胆探索、勇于实践"的原则,以推进城市轨道交通信息化,发展智能系统,建设智慧城市轨道交通为载体,有序推进智慧城市轨道交通建设。

一、智慧城市轨道交通的概念内涵

智慧城市轨道交通建设是指应用云计算、大数据、物联网、人工智能、5G、卫星通信、区块链等新兴信息技术,全面感知、深度互联和智能融合乘客、设施、设备、环境等实体信息,经自主进化,创新服务、运营、建设管理模式,构建安全、便捷、高效、绿色、经济的新一代中国式智慧型城市轨道交通。

发展智能系统,建设智慧城市轨道交通,这是两者之间的内在关系,意指建设多个成体系的智能系统,最终构成智慧城市轨道交通,其显著标志为:实现智慧乘客服务便捷化、智能运输效率效益最大化、智能资源环境绿色化、智能列车运行全自动化、智能技术装备自主化、智能基础设施数字化、智能运维安全感知化、智慧网络管理高效化、城市轨道交通云与大数据平台集约化和智慧城市轨道交通技术标准系列化。

我国智慧城市轨道交通建设蓝图如图 2-8-1 所示。

二、智慧城市轨道交通的系统构成

1. 智慧乘客服务

智慧乘客服务是将新兴信息技术和城市轨道交通乘客服务全面融合,构建基于云平台的生物识别、无感支付、语音购票等功能的自动售检票系统,创新智能票、检合一的新模式,实现多城市的城市轨道交通列车一证通乘,提供票检安检合一、无感进出站、舒适便捷乘车、安全正点通达、网内换乘高效、网外衔接顺畅、智慧服务覆盖的智慧乘客服务体系,满足智慧乘车服务个性化、多样化需求。

图 2-8-1　我国智慧城市轨道交通建设蓝图

1)相关技术

(1)基于 5G 技术的运营服务体系。

采用 5G 技术构建智慧城市轨道交通运营体系的无线网络通道,构建从基础设施层、能力平台层到智慧应用层的一体化平台架构,实现智能感知、智能联动、智能分析。

(2)AI 智能客服。

借助语音识别、自然语言理解、机器人等 AI 功能,提供智能咨询、智能服务、在线对话机器人等智能化乘客服务,提高乘客服务的便捷化、智能化程度。

(3)区块链网络安全体系。

运用区块链驱动数据库系统,同时采用可信安全与智能协同等技术,与城市轨道交通云同步规划、同步建设网络安全纵深防护体系,保障城市轨道交通云网及其承载应用稳定安全运行。

(4)大数据城市轨道交通态势感知。

综合城市轨道列车信号数据、列车称重数据、AFC(Auto Fare Collection,自动售检票系统)、电信信令数据、监控视频数据和移动高清视频数据等多数据源,对城市轨道交通运行精确监测,全景展示实时/历史运营状况,预测与评判态势监控,提供可知、可调、可控的应急解决方案。

2) 功能实现

（1）票务服务。

①基于实名制、个人信用体系的跨平台、跨场景乘车购票。

②利用生物识别、无感支付等多种形式，提高售票、乘车智能化水平。

③扩大基于可信乘车凭证互联互通范围，提高城市间乘车便捷度。

④在线购票，提供多种出行、娱乐、景区等在线购票服务。

⑤支持支付宝、微信、银联、和包支付、翼支付等多种支付方式扫码乘车，便利快捷。

⑥集成城市轨道交通、公交、出租汽车等多种交通方式的查询、下单、支付，实现乘客空间位置移动的一站式出行服务。

（2）客流管理。

①站内客流热力情况实时展示，避免客流拥挤，合理安排出行计划。

②智能客流引导，助力车站调度指挥，及时疏通拥挤客流。

③分析客流峰值数据，提前规划站内客流管制，降低运营压力。

④客流信息及时追踪，及时预警，提高站内安全防范管理水平。

（3）智慧车站。

①利用物联网、视频智能分析技术，实现车站态势全息感知。

②通过大数据、人工智能进行挖掘分析，综合利用，实现车站工况的三维可视化。

③助力车站设备管理自动化、检修智能化、乘客服务自助化。

④由互联网、大数据平台、人脸识别、图像识别等多种技术融合而成，实现智慧安检。

⑤通过扫码乘车、无感支付、人脸识别乘车等多种方式实现智慧乘车。

⑥智能化的客服系统功能，"一对一"咨询互动，为乘客解答疑问，远程指导乘客操作。

⑦依靠无感支付、语音购票、人脸识别实现快速进站、智能规划最优出行路线服务功能。

（4）智能环境动态监控。

①全高清数字视频监控，实现实时车站客流状况、特殊人员行为监控、外部人员入侵监测、关键区域异常行为监控。

②智能视频分析技术，异常情况及时报警，实现车站 24h 智能巡站。

③采用顶置式、收发一体式的激光雷达传感器进行站台门异物检测，降低夹人夹物事件概率与风险，保障乘客上下车安全。

④车站设备全景管控、多端互动、联网数据辅助运营管理、"一键式"开关站

与巡站功能。

3）场景实例

广电运通与广州城市轨道交通智慧车站建设请扫描二维码查看。

场景实例：广电运通与广州城市轨道交通智慧车站建设

2. 智能列车运行

城市轨道交通列车运行控制系统经历了从人工驾驶、半自动驾驶、无人驾驶再到全自动运行的转变，其安全性和自动化程度不断提升。国内城市轨道交通线路在 2008 年引入全自动运行技术，未来的发展方向是深化共线、跨线、越行等互联互通的全自动运行典型运行场景设计，从效率、节能、舒适性等目标综合优化，实现列车的最佳化运行控制等。

（1）闭塞制式。

在城市轨道交通的信号发展史上，列车自动控制（Automatic Train Control，ATC）系统是当前最常用的一种信号系统。ATC 系统有多种模式，其技术性能各有不同。ATC 系统主要有以下三种模式：

①单纯使用轨道电路的固定闭塞模式。这种模式下，系统无法知道列车在分区内的具体位置。

②综合使用轨道电路＋应答器的准移动闭塞模式。这种模式下，系统可以告知后续列车继续前行的距离，后续列车可根据这一距离合理地采取制动措施，从而改善列车速度控制，缩小列车安全间隔，提高线路利用效率。但准移动闭塞中后续列车的最大目标制动点仍必须在先行列车占用分区的外方，因此它并没有完全突破轨道电路的限制。

③基于通信的移动闭塞模式。这种模式下，需要列车实时向列车控制中心汇报自己的位置和速度等运行参数，列车控制中心必须实时为列车计算运行参数并发送给列车。此种机制的实现，需要连续式双向车-地通信系统支持，一般将这种列车控制方式，称为基于通信的列车控制系统（Communication Based Train Control System，CBTC 系统）。这是当前城市轨道交通信号发展的最新技术，也是其未来发展的最主要方向。

（2）CBTC 系统。

CBTC 系统是通信技术飞速发展背景下的产物，为一种目前在铁路系统和城市轨道交通系统中都具有广泛应用趋势的列车控制系统，是当前列车运营中移动闭塞技术的核心，属于城市轨道交通信号系统中的一部分。CBTC 是一种采用先进的通信、计算机技术，和连续控制、监测列车运行的移动闭塞方式，它摆脱了用轨道电路判别对闭塞分区占用与否的方式,突破了固定闭塞的局限性;实现了列车与轨旁设备实时双向通信且信息量大,改变了以往列车运行时信息只能由轨旁设备向车上传递、信息量少的缺点;大大减少了轨旁设备的数量,安装维修方便,在进一步完善其降级使用模式后,有利于降低运营成本;便于城市轨道交通列车小编组、高密度运行,可缩短站台长度和端站尾轨长度,提高服务质量,降低土建工程投资。CBTC确立"信号通过通信"的新理念,使列车与地面(轨旁)紧密结合、整体处理,改变以往车-地相互隔离、以车为主的状态。这意味着只要车-地通信采用统一标准协议,就易于实现不同线路间不同类型列车的互联互通。

列车自动控制系统一般包含3个子系统:ATP、ATO和ATS(图2-8-2)。

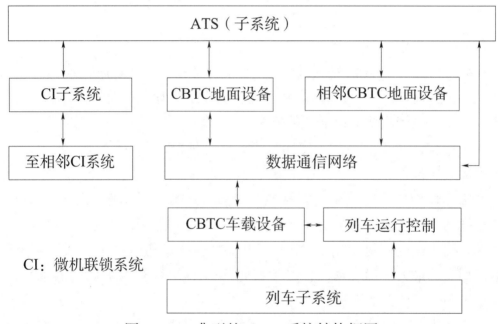

图 2-8-2 典型的 CBTC 系统结构框图

①列车自动保护(Automatic Train Protection,ATP)子系统:严格遵守故障导向安全原则,对列车运行进行监控和超速防护,通过对与行车安全有关的设备进行实时监测,保证列车在安全间隔下行驶,必要时给出各种信号的提醒,包括自动启动紧急制动;同时还可进行安全性停车点防护和列车车门控制,在列车不能停稳时不允许列车继续运动等。

②列车自动驾驶(Automatic Train Operation,ATO)子系统:完成列车站间自动运行,进行列车速度调节和进站定点停车,对车门和屏蔽门的控制,接受OCC(Operation Control Center,运行控制中心)的运行调度命令,实现列车自动折返、站台扣车、站台调停等,根据控制中心的命令使列车按最佳工况正点、安全、平稳地运行,自动完成对列车的起动、牵引、惰行和制动。

③列车自动监控(Automatic Train Supervision, ATS)子系统:是城市轨道交通系统的运营核心,可集中监视调车区段内列车的运行情况,监测进路控制、列车间隔控制设备的工作,按行车计划自动控制轨旁信号设备;具有接发列车、列车运行轨迹的自动记录功能,可以自动生成、显示、修改和优化时刻表;另外还能够监测设备运行状态和记录调度员操作等。

整个CBTC系统由CBTC地面设备和CBTC车载设备组成。地面设备和车载设备通过数据通信网络连接,共同构成系统的核心。图2-8-2中单独列出的"联锁"模块,与CBTC地面设备相连接。值得关注的是其中的数据通信网络。CBTC地面设备(含联锁)通过数据通信网络向CBTC车载设备传输控制信息来控制列车运行;同时,CBTC车载设备也通过数据通信网络向CBTC地面设备(含联锁)传送列车信息,以此形成闭环信息传输及控制。而数据通信网络可由多种通信方式组成,诸如无线电台、裂缝波导管、漏泄同轴电缆、微波和GSM-R等方式。上述CBTC系统的典型结构,根据不同的设备提供商和实际工程需要,可能会有所差异。但所有的CBTC系统皆具有通过数据通信网络连接的CBTC车载设备和地面设备,以实现ATP子系统的功能。

3. 城市轨道交通云与大数据平台

可扫描二维码查看相关知识。

城市轨道交通云
与大数据平台

模拟实验一　智慧城市轨道交通乘车体验

一、学习目标

了解智慧城市轨道交通的相关新技术。

二、学习任务

通过亲身体验,了解智慧城市轨道交通的相关设备与技术,并提出相关建设性意见。

背景资料

三、实验步骤

1. 角色扮演体验智慧城市轨道交通

请同学们以小组为单位,每位同学扮演不同的角色完成一次城市轨道交通的乘车体验,并将整个过程以文字和图片的方式记录下来。扮演的角色为:儿童、青少年、成人、残疾人、老年人。在体验的过程中请详细记录乘车的每个步骤中有哪些可选择的方案,回家后查阅资料了解其运用了何种技术。参考记录表格实例见表 2-8-1。

"智慧城市轨道交通乘车体验"记录表　　表 2-8-1

角色类型:小孩/青少年/成人/残疾人/老年人			
乘车过程	使用的设备	技术手段	用时
行程规划			
进站			
购票			
进闸机			
候车			
乘车			
下车			
出闸机			
出站			
出行总结			

2. 我是小小建议员

请根据表 2-8-1,结合背景资料,为各个环节打分,找出其中存在的问题并提出你的改进方案,完成表 2-8-2 的填写。

"智慧城市轨道交通乘车体验"改进表   表2-8-2

角色类型:小孩/青少年/成人/残疾人/老年人					
乘车过程	空间合理性	时间合理性	操作便捷性	存在的问题	改进方案
行程规划					
进站					
购票					
进闸机					
候车					
乘车					
下车					
出闸机					
出站					
出行总结					

模拟实验二 模拟司机驾驶

一、学习目标

了解地铁信号的相关知识。

二、学习任务

模拟地铁列车司机,熟悉地铁信号系统的组成与工作原理。

背景资料

三、实验步骤

1.地铁信号认知

请同学们上网查找资料,了解城市轨道交通行车的信号知识,回答下列问题。

(1)城市轨道交通信号系统的组成包括哪些内容?

(2)驾驶城市轨道交通列车时,司机判断前进和停车依据的信号规则是什么?

2. 模拟驾驶体验

请你扮演一名城市轨道交通列车司机,使用模拟驾驶系统完成一次模拟驾驶体验,并撰写一篇体验报告。

场景九　智慧物流

罗计物流(北京运科网络科技有限公司)成立于 2014 年 8 月,由真格基金、百度、IDG 资本、人人网等多家知名投资机构领投,是以精准车货匹配系统、物流云服务及物流大数据产品为核心的智慧物流解决方案提供商。罗计物流通过移动互联网、云计算、大数据等先进技术,打造一站式"无车承运"智慧物流平台,实现"线上物流资源合理配置、线下物流高效运行",缩短物流中间交易环节,整合优化运力资源,助力供应链各环节实现透明、可追溯。罗计物流的系统平台全部构建于云端,并且积极采用成熟的云计算技术,通过对物流行业的业务建模,合理架构,形成了一套能够符合当前业务需求,支持大规模数据,并且可弹性扩展的生态支持系统。罗计物流系统平台主要功能有:

(1)无车承运业务;
(2)车辆位置、轨迹实时查询;
(3)物流云服务;
(4)智慧物流大数据服务。

场景分析

大数据、云仓储等新兴技术拥有广阔的应用前景,通过运用新技术可以让处于闲置状态的配送及仓储资源得到充分利用。在快递业务量及人工成本不断上涨的压力下,许多物流企业已经逐渐认识到智慧物流将成为未来物流的主流发展趋势。发展智慧物流是物流行业在互联网时代实现转型升级的必经之路。

知识模块　智慧物流的概念与技术认知

知识点

（1）智慧物流的定义。
（2）智慧物流的应用场景。
（3）智慧物流的关键技术。

一、智慧物流的发展历程

1. 智慧物流的产生

智慧物流是将先进的物联网技术、大数据挖掘技术、传感技术、控制技术及人工智能技术等有效地集成应用于物流活动的各个环节和主体，具有感知和学习能力的高效物流系统。

2009年，IBM中国研究院提出了"智慧物流"的构想，认为智慧物流首先是以智慧供应链为基础，通过感应器、射频识别技术（Radio Frequency Identification）、电子标签（RFID）、GPS和其他设备及系统生成实时信息的"智慧供应链"。"智慧物流"重视将物联网、传感网与现有的互联网整合起来，通过以精细、动态、科学的管理，实现物流的自动化、可视化、可控化、智能化、网络化，从而提高资源利用率和生产力水平，创造更丰富社会价值的综合内涵。

2016年7月，国家发展和改革委员会在《"互联网+"高效物流实施意见》中提出依托互联网，形成开放共享、合作共赢、高效便捷、绿色安全的智慧物流生态体系，使得先进信息技术在物流领域广泛应用，仓储、运输、配送等环节智能化水平显著提升，物流组织方式不断优化创新；基于互联网的物流新技术、新模式、新业态成为行业发展新动力，与"互联网+"高效物流发展相适应的行业管理政策体系基本建立，物流效率效益大幅提升，标志着以互联网、大数据、云计算等现代信息技术为引导的智慧物流进入了全新的发展阶段。

不同机构对于智慧物流提出了很多描述，从最基本的信息技术、自动化等方面的应用，聚焦在货物流通过程中的可视、可控等，到当前依托互联网技术，实现行业资源互联共享、产业融合、创建新商业新模式和生态体系等目标，都体现了智慧物流对行业微观层面和宏观层面发展带来的变革作用。

2. 我国智慧物流的发展现状

我国物流业市场规模持续扩大、结构深入优化，新理念、新模式、新业态、新

技术不断涌现,物流碎片化、去中心化等趋势特征日趋显著,信息联通、开放共享和智能化等核心理念得到普遍认可。

1）利好政策推动智慧物流快速发展

商务部在《商贸物流发展"十三五"规划》中,提出深入实施"互联网+"高效物流行动,推广应用物联网、云计算、大数据、人工智能、机器人、无线射频识别等先进技术,促进从上端供应商到下游销售商的全流程信息共享,提高供应链精益化管理水平。

交通运输部在《综合运输服务"十三五"发展规划》中,提出适应智能制造的需要,推进智慧物流服务,统筹规划制造业集聚区配套物流服务体系,引导物流企业完善智能货运与物流系统,促进物流业与制造业相关标准对接、资源交互、信息共享。

国家邮政局在《快递业"十三五"发展规划》中,提出加强移动互联网、物联网、大数据、云计算、虚拟现实、人工智能等现代信息技术在企业管理、市场服务和行业监管中的应用。

2）智慧物流成为物流业发展新动能

智慧物流借助信息联通、资源共享、智能化应用等措施,有望从根本上降低物流成本,大大提高服务质量和效率。

3）智慧物流提质增效降本成效显著

随着经济增长,我国社会物流需求稳中有升,与整个物流行业相比,以智慧物流理念为指导的电商物流表现优异,服务质量、物流时效和效率水平居于领先位置。以互联网、大数据为代表的智慧物流解决方案在行业内应用越来越广泛,为行业服务能力的提升发挥了巨大作用。我国物流时效整体上有了明显提高,且越是偏远地区,时效改善的效果越明显。

二、智慧物流关键技术

智慧物流是指通过智能硬件、物联网、大数据等智慧化技术与手段,提高物流系统分析决策和智能执行的能力,提升整个物流系统的智能化、自动化水平。

智慧物流集多种服务功能于一体,体现了现代经济运作特点的需求,即强调信息流与物质流快速、高效、通畅地运转,从而实现降低社会成本、提高生产效率、整合社会资源的目的。

智慧物流主要有三大特征：

(1)实现信息与数据多向交互,降低物流成本、提升物流效率。

(2) 人工决策向智能决策与自主执行转变,向无人化发展。

(3) 跨领域深度协同与一体化,以人工智能为核心优化运作模式。

1. 智慧物流的应用场景

1) 货物仓内作业

智慧物流在仓储环节主要作用体现在进出库装卸作业、货位管理、数据采集、整理、分析和辅助决策等环节,包括装卸机器人、自动化分拣、辅助数据终端、货物识别四类技术。当前,机器人、自动化分拣、辅助数据终端等技术已经非常成熟并广泛应用,货物识别(如 AR 眼镜等)处于研发阶段,发展较快。

2) 干线运输

智慧物流在干线运输方面的应用主要体现在配载技术、车辆跟踪监控、货物溯源方面。当然,最前沿的必然是无人驾驶货车(队列)技术。无人驾驶货车(队列)将改变干线物流现有格局,目前尚处于研发阶段,但已取得阶段性成果,部分企业已经在进行测试。

3) 派送技术

短程派送技术,主要包括无人机派送及无人配送车的应用。该类技术发展迅速,目前包括京东、顺丰、DHL 等国内外多家物流企业已开始进行商业测试,其凭借灵活等特性,预计将成为特定区域未来末端配送重要方式。

4) 末端连接

末端连接应用主要体现为智能快递柜。目前,智能快递柜已实现大规模商用,经过不断的技术升级,已融合了收件与寄件功能。未来,随着短程无人派送技术的发展,有机会与之发展出更丰富的用途。

2. 物联网技术

物联网的概念已经非常普及,主要有以下四个物流应用场景:产品溯源、冷链控制、安全运输、(车辆上的)路由优化。

由于受终端传感器高成本的影响,二维码成为现阶段溯源的主要载体。长期来看,低成本的传感器技术将实现突破,RFID 和其他低成本无线通信技术将是未来的发展方向。物联网技术预计未来在物流行业将得到广泛的应用。

1) 物联网的概念与范畴

从狭义的角度看,只要是物品之间通过传感介质连接而成的网络,不论是否接入互联网,都应算作物联网的范畴。从广义角度看,物联网不仅局限于物与物之间的信息传递,还将和现有的电信网实现无缝融合,最终形成物与物的信息交互。

2) 物联网的特点

物联网主要有如下 4 个特点。

(1) 连通性。连通性是物联网的本质特征之一。物联网的"连通性"有 3 个维度：一是任意时间的连通性(Anytime Connection)，二是任意地点的连通性(Any Place Connection)，三是任意物体的连通性(Anything Connection)。

(2) 技术性。物联网是技术变革的产物，代表着未来计算与通信技术的发展趋势，而其发展又依赖众多技术的支持，如射频识别技术、传感技术、纳米技术和智能嵌入技术。

(3) 智能性。物联网使得人们所处的物质世界得以实现极大程度的数字化、网络化，使得世界中的物体不仅以传感方式，也以智能化方式关联起来，网络服务也得以智能化。

(4) 嵌入性。物联网的嵌入性表现在：一是各种各样的物体本身被嵌入在人们所生活的环境中；二是由物联网提供的网络服务将被无缝地嵌入人们日常的工作与生活中。

3) 物联网的工作原理

"物联网"将传统思维中的物理世界与 IT 世界进行了全面整合，建筑物、实体设备设施将与芯片、宽带整合为统一的基础设施。物联网的工作原理主要如下：

(1) 信息的感知。信息感知是指对物体属性进行标识，物体属性包括静态属性和动态属性，静态属性可以直接存储在标签中，动态属性需要先由传感器实时探测，然后通过识别设备完成对物体属性的读取，并将信息转换为适合网络传输的数据格式。

(2) 信息的传输处理。物体属性通过感知采集过程转化为信息，通过网络传输到信息处理中心，由处理中心完成物体通信的相关计算，将有效信息进行集中处理。

(3) 信息的应用。信息的应用一是经过集中处理反映给"人"，通过"人"的高级处理后根据需求进一步控制物；二是直接对"物"进行智能控制，而不需要经过"人"进行授权。

4) 配送中心物联网 RFID 技术应用实例

(1) 入库和检验。当贴有电子标签的货物运抵配送中心时，入口处的阅读器将自动识读标签，管理系统会根据读到的信息，自动更新存货清单，同时，根据订单的需要，将相应货物发往正确的地点。这一过程将传统的货物验收入库程序大大简化，省去了烦琐的检验、记录、清点等大量耗费人力的工作。

(2) 整理和补充货物。装有移动阅读器的运送车自动对货物进行整理,根据计算机管理中心的指示自动将货物运送到正确的位置上,同时将计算机管理中心的存货清单更新,记录下最新的货物位置。存货补充系统将在存货不足指定数量时自动向管理中心发出申请,根据管理中心的命令,在适当的时间补充相应数量的货物。在整理货物和补充存货时,如果发现有货物堆放到了错误位置,阅读器将随时向管理中心报警,根据指示,运送车将把这些货物重新堆放到指定的正确位置。

(3) 订单填写。存货和管理中心通过 RFID 系统紧密联系在一起,而在管理中心的订单填写环节,将发货、出库、验货、更新存货目录整合成一个整体,最大限度地减少了错误的发生概率,同时也节省了人力。

(4) 货物出库运输。应用 RFID 技术后,货物运输将实现高度自动化。当货物在配送中心出库,经过仓库出口处阅读器的有效范围时,阅读器自动读取货物标签上的信息,不需要扫描,就可以直接将出库的货物运输到零售商手中。

3. 大数据技术

大数据时代的显著特征之一就是可以利用数据的相关性来解决问题,而不只是依赖因果关系。创新的数据应用算法层出不穷,而基于大数据技术的深度学习等人工智能的发展,特别是谷歌 AlphaGo 的成功,让我们更加认识到大数据技术可以突破人的认知能力极限。

大数据的价值不仅在于其原始价值,更在于数据之间的连接、大数据扩展、再利用和重组。例如,京东利用物流大数据加上用户交易数据,推出的移动商店就大受欢迎。另外,大数据开放对于提升整个社会的发展水平具有重要作用。大数据作为数字资产,可以重复利用,不像资源类的零和游戏,政府、协会等社会组织可以收集数据脱敏后对社会开放,为社会服务,创造出更大的社会价值。

大数据技术已经成为众多企业重点发展的新兴技术,多家企业已成立相应的大数据分析部门或团队,进行大数据分析、研究、应用布局。大数据技术主要有以下四个物流应用场景:需求预测、设备维护预测、供应链风险预测、网络及路由规划。大数据背景下的智慧物流具备信息化、数字化、网络化、集成化、可视化等先进技术特征,依据大数据对物流信息进行处理。智慧物流信息技术主要包括物流信息感知技术、物流信息推送技术、物流信息处理技术、物流信息分析技术、物流信息预测技术。

以京东商城为例,其依托物流的优势,快速崛起,目前已经成为自营 B2C 电商的领头羊。其整个物流系统日处理数量达到百万级,大促销期间甚至高达上千万,物流操作人员多达数十万人,庞大的业务规模下,智慧化物流系统成为迫切需求。大数据系统作为支撑京东物流的核心系统,不仅保证了京东物流的准时高效,同时保证了极高的用户体验。以大数据处理为核心的系统是构建智慧物流的关键。

1)大数据技术与原始数据采集

原始数据采集是通过大数据技术准确及时还原业务,也就是及时、准确地采集业务运行的数据,并分不同层次需求展示出来。业务日报、周报、月报等离线数据都是业务管理的基础,如果不能做到及时、准确,数字化运营便无法进行,更不用说智慧化了。

在不同的终端节点上对物流流程进行展示和监控,对业务非常有帮助。在时间维度,实时展示各个节点的生产量、相邻节点间的差异,可以很好地把控业务。物流是商品流、实物流、资金流、信息流的结合,结合地理维度展示也非常有意义。

2)大数据技术与评估优化

评估优化是指通过大数据评估业务。在大数据时代,我们可以依据社会化的数据进行业务评估,并且可以利用互联网灰度测试的方法进行流程优化的评估,这些方法可以让企业对业务情况有更深刻的理解。

3)大数据技术与预测

在对业务进行实时监控和准确评估后,利用大数据技术对业务进行预测。预测一直是大数据应用的核心,也是最有价值的地方。预测的准确度,也就是传统统计学中的置信度,是衡量预测结果的一项重要标准。大数据的预测,很多是利用到相关性,因此,得到完全准确的预测是非常困难的,如果应用对于准确度的容忍度越高,就越容易进行预测。对于物流行业而言,如果能够提前进行业务量预测,那么,对于资源调度等将非常有意义,不仅能够实现更好的时效性,而且能够避免浪费。

4)大数据技术与辅助决策

辅助决策是指依托大数据进行智能决策,这在很大程度上依赖预测的准确性和业务对准确性的包容性。越是预测准确性高并且包容性强的业务,越容易实现智能决策。目前实现智能决策最好的方式依然是人机结合,即能够利用大数据和人工智能的技术,为人工提供辅助决策,让人工决策更加合理。当然,基于大数据的深度学习技术在人工智能领域取得突破,例如谷歌 AlphaGo 的案例,从而为智能决策提供了非常大的想象空间。

4. 人工智能技术

人工智能技术目前主要由电商平台推动，尚处于研发阶段，除计算机视觉识别外，其他人工智能技术距离大规模应用仍有一段时间。人工智能技术主要有以下五个物流应用场景：智能运营管理、仓库选址、决策辅助、图像识别、智能调度。智慧物流本质上是依赖信息的实时性、充分性，来模拟人工作出最优决策，从而为客户创造更多价值，为客户提供更好的服务体验。在传统物流模式下，信息不充分、滞后，只能依赖经验进行决策。智慧物流发展到一定程度后，就会对传统物流模式产生革命效果，对物流产业的商业模式、运营模式、产业结构和产业发展模式、业务生态等，产生巨大的影响。

1）车货匹配系统

车货匹配系统使用人工智能完成物流运输中的车货匹配。物流企业可以利用人工智能技术结合自身资源打造全新的货运匹配平台。基于自身货源建立数字化货运平台，低价获取社会运力。

2）仓储管理：图像/视频识别

图像/视频识别与理解技术，结合 GIS、多媒体压缩和数据库技术，有效建立起可视化的仓储管理、订单管理、车辆管理系统。在智能仓库管理系统中，基于图像/视频识别分析技术的监控设备将视频、图像等数据信息汇集于主控中心，便于各级决策人获得前端仓库异常状况，从而实现及时决策、指挥调度、调查取证。在智能订单管理、车辆管理系统中，图像/视频识别分析技术可有效实现订单跟踪管理，并降低运输过程中货物的损毁、丢失等问题，从而帮助制订生产计划与排产，保证货物及时、安全地到达目的地。

3）智能客服：语音识别技术

使用语音识别技术优化智能客服系统。语音识别是包含特征提取技术、模型训练技术以及模式匹配准则的智能科技，是让机器通过识别与理解，把语音信息转变为相应的文本符号。在物流领域，语音识别已成为电话信道上最为重要的应用之一。基于语音识别技术的客服座席，可实现客户语音的可视化和智能分析，辅助人工座席迅速完成词条和关键字识别，并进行关键知识库与知识点的搜索匹配，从而提高物流行业客服座席的工作效率、服务质量与电话接通率。

4）智能化现场作业管理

智能化现场作业管理是指为实现装卸平台、车辆、场地等的自动协同，进场车辆调度引导、智能停靠，企业通过对运输车辆进行智能扫描、装卸垛口加装智能传感器等手段进行现场管理。在智能仓库作业环境中,对搬运机器人、分拣机器人与机架进行有序操作与协作,能够极大提升仓库操作的处理速度、拣取精度和存储密度。通过测算百万 SKU(Stock Keeping Unit,库存保有单位)商品的体积数据和包装箱尺寸,利用深度学习算法技术,由系统智能地计算并推荐耗材和打包排序,从而合理安排箱型和商品摆放方案;通过对商品数量、体积等基础数据分析,对各环节如包装、运输车辆等进行智能调度。

5)物流运营管理

人工智能还能为新一代物流行业提供更加智慧的运营管理模式。人工智能结合大数据分析,在物流转运中心、仓库选址上能够结合运输线路、客户分布、地理状况等信息进行精准匹配,从而优化选址、提升效率。采用人工智能分析,供应链各环节的产品生产制造商、供应商、物流提供商亦受到相当程度的助益,在人工智能辅助下,提前有针对性地制订产品营销策略和货物的运、储、配计划。

智慧物流概念的提出,顺应历史潮流,也符合现代物流业自动化、网络化、可视化、实时化、跟踪与智能控制的发展新趋势,符合物联网发展的趋势,有利于降低物流成本,提高效率,控制风险,节能环保,改善服务。

模拟实验　智能快递柜体验活动

智能快递柜的出现,可以为用户提供 24h 自助取件服务,被认为是解决快递包裹"最后一公里"的较为经济有效的方式。业内人士称,智能快递柜本质上是一种共享经济模式,由于提升了快递"最后一公里"的派送效率,让物流服务更加周到,因而受到公众的认可。

智能快递终端系统集云计算、物联网这两大核心技术于一体,包括前台站点快件存取和后台中心数据处理两部分。整个智能快递系统的运行有赖于智能快递终端和 PC 服务端。

智能快递终端是基于嵌入式技术,通过 RFID、摄像头等各种传感器进行数据采集,然后将采集到的数据传送至控制器进行处理,处理完再通过各类传感器实现整个终端的运行,包括 GSM 短信提醒、RFID 身份识别、摄像头监控等。

PC 服务端主要是将智能快递终端采集到的快件信息进行整理,实时在网络上更新数据,分别供网购用户、快递人员、系统管理员进行快件查询、调配快件、维护终端等操作。

一、活动目标

(1) 知道市面上常见的智能快递柜。

(2) 说明智能快递柜的用户取件流程、用户寄件流程以及快递员存放流程。

(3) 说明智能快递柜系统的关键技术。

(4) 初步尝试智能快递柜系统的简单设计。

二、活动准备

分组完成,4人一组,共同完成3个任务。

三、实验步骤

1. 智能快递柜存取件体验

1) 查找智能快递柜资料

(1) 列出市面上现有的智能快递柜有哪些？越多越好。

_____

_____

(2) 选出三种最常见的智能快递柜,并作简单介绍。

A：_____

B：_____

C：_____

(3) 你知道智能快递柜是如何盈利的吗？

_____

_____

2) 智能快递柜取件体验

现有一件包裹抵达学校附近,快递员已将其投放至离学校最近的智能快递柜内,你的手机收到了取件码和对应智能快递柜的位置等信息。

以小组为单位,到学校附近的智能快递柜内完成取件。

小组学习与讨论：取件的具体流程是什么？

第一步：_____

第二步：_____

第三步：_____

3）智能快递柜寄件体验

小明现有一包裹需寄回老家,由于学校上下课时间的限制,他决定直接将包裹投放至离学校最近的智能快递柜内寄出,他利用手机小程序进行了智能快递柜寄件预约。

以小组为单位,帮小明到学校附近的智能快递柜内完成寄件。

小组学习与讨论:寄件的具体流程是什么?

第一步:＿＿＿＿＿＿＿＿＿＿＿＿＿＿＿＿＿＿＿＿＿＿＿＿

第二步:＿＿＿＿＿＿＿＿＿＿＿＿＿＿＿＿＿＿＿＿＿＿＿＿

第三步:＿＿＿＿＿＿＿＿＿＿＿＿＿＿＿＿＿＿＿＿＿＿＿＿

4）快递员存件体验

由于学校上下课时间的限制,很多快递员将学生们的快件直接存放入学校附近的智能快递柜内。

以小组为单位,了解快递员进行存件的过程。

小组学习与讨论:快递员存件的具体流程是什么?

第一步:＿＿＿＿＿＿＿＿＿＿＿＿＿＿＿＿＿＿＿＿＿＿＿＿

第二步:＿＿＿＿＿＿＿＿＿＿＿＿＿＿＿＿＿＿＿＿＿＿＿＿

第三步:＿＿＿＿＿＿＿＿＿＿＿＿＿＿＿＿＿＿＿＿＿＿＿＿

2. 智能快递柜的关键技术

小组学习与讨论:以一个智能快递柜为例,写出其外观组件以及内部结构组件,并列举出其涉及的关键技术及实现的对应功能,填写完成表2-9-1。

小组学习与讨论记录表　　　　　表2-9-1

外观组件				
内部结构组件				
关键技术				
实现功能				

3. 智能快递柜系统设计

小组讨论与学习:

一套系统设计由4个功能子系统组成,分别是服务器、快递柜终端、Web PC客户端、App客户端。

(1) 描述4个功能子系统应实现的功能。

①后台数据库服务器：
_____
_____

②快递柜终端：
_____
_____

③管理后台：
_____
_____

④移动客户端：
_____
_____

(2) 4个功能子系统之间的相互关系是怎样的？
_____
_____

第三部分　智能交通的未来

知识模块一　车路协同

车路协同的概念、发展阶段及常见应用场景。

随着先进通信技术的高速发展,工程师们开始研究如何将传感器与网络技术结合应用于交通设施设备,突破单车智能的限制,实现移动环境下动态、全天候、全时空交通信息采集、融合、分析及交通控制和诱导。车路协同系统就是基于这样的应用需求而研发的综合系统。它的出现,改变了传统的交通信息采集和交通控制方法,是现在国内外智能交通领域技术研究的热点和前沿,不同国家的交通部门都希望通过建立智能车路协同系统,实现更高效、安全和环保的交通目标。从另一个角度看,车路协同系统也是智慧城市的重要组成部分。

一、车路协同系统

1. 概念

车路协同系统(Cooperative Vehicle Infrastructure System,CVIS)基于无线通信、传感探测等技术进行车路信息获取,通过车-车、车-路信息交互和共享,并实现车辆和基础设施之间智能协同与配合,达到优化利用系统资源、提高道路交通安全水平、缓解交通拥堵的目标。智能车路协同系统(Intelligent Cooperative Vehicle Infrastructure System,IVICS)是智能交通系统的重要组成部分,系统通过人、车、路与交通环境之间的信息交互能力,实现车辆自动驾驶以及列队控制,将道路交通流调整到最佳状态,提高路网通行能力和道路安全性。

2. 发展阶段

车路协同技术研究领域涉及先进的车辆控制和安全、车队协同驾驶、车-车通信技术以及交通仿真与试验技术等方面。随着5G技术的普及,现在已经处于技术发展的第五代。

第一代技术:可变限速系统、交通信息发布系统,面向非联网、无信息交互能力的普通汽车。

第二代技术:雾天公路行车安全诱导装置、公路发光型诱导设施、基于微波车辆检测器的公路视觉盲区危险预警系统等,面向非联网、无信息交互能力的普通汽车。

第三代技术:ETC系统(路旁设备只是与安装在车内的终端进行信息交互,该终端与车辆的其他系统没有关联)、基于物联网技术的主动发光交通标志、基于毫米波雷达或机器视觉的公路视觉盲区危险预警系统等,面向非联网、无信息交互能力的普通汽车。

第四代技术:基于LTE-V2X的智能车路协同系统,面向有信息交互能力的智能网联汽车。

第五代技术:基于5G-V2X的智能车路协同系统,面向有信息交互能力的智能网联汽车。

从第三代技术到第四代技术,其实是一个质的飞跃,信息端的对象发生了重大的变化,从普通汽车转变为智能网联汽车,由单向通信过渡到多向通信。未来随着通信基础设施与单车自动驾驶技术的发展,车路协同内涵与效率仍有很大的发展和提升空间。

3. 功能

不同的车路协同系统在功能上都有基本相同的目标:能在系统覆盖的路段中实时感知车路情况;确保全天候、全时空高效提供与交通相关的信息和综合服务;确保系统所在路网的交通流协调、畅通、安全、高效,最大限度地减少交通事故和交通拥堵,从而达到提高道路通行能力的目的。为此,该系统的主要功能应该包括以下内容:

(1)实时感知车辆、环境和道路动态和静态信息。

(2)交通信息数据在系统内的车辆、路旁设备、交通控制中心等信息端之间的传输。

(3)能对海量交通信息数据进行处理,包括分析与决策(判别)。

(4)对交通状态和交通异常事件的预警和报警。

(5)信号控制、信息发布与交通诱导功能。

二、道路智能化分级

2019年,中国公路学会自动驾驶工作委员会、自动驾驶标准化工作委员会发布了《智能网联道路系统分级定义与解读报告(征求意见稿)》,将交通基础设施系统分为6级,见表3-0-1。

交通基础设施系统分级要素对比表 表3-0-1

分级	信息化 (数字化/网联化)	智能化	自动化	服务对象
I0	无	无	无	驾驶人
I1	初步	初步	初步	驾驶人/车辆
I2	部分	部分	部分	驾驶人/车辆
I3	高度	有条件	有条件	驾驶人/车辆
I4	完全	高度	高度	车辆
I5	完全	完全	完全	车辆

I0(无信息化/无智能化/无自动化)为传统道路信息管理方式,即交通基础设施与单个车辆系统之间无信息交互。其主要特征为交通基础设施无检测和传感功能,由驾驶人全程控制车辆完成驾驶任务和处理特殊情况。

I1(初步数字化/初步智能化/初步自动化)仍为传统道路信息管理方式。其主要特征有:道路系统能够采集数字化交通基础设施静态数据并进行更新和储存,交通基础设施感知设备能实时获取连续空间的车辆和环境等动态数据,自动处理非结构化数据,并结合历史数据实现车辆行驶的短时、微观预测;各种类型数据之间无法有效融合,信息采集、处理和传输的时延明显;交通基础设施感知信息和预测结果可实时提供给车辆,辅助车辆自动驾驶如提供信息服务和主动交通管理服务;交通基础设施向车辆系统进行单项传感。

I2(部分网联化/部分智能化/部分自动化)为交通基础设施具备复杂传感和深度预测功能,通过与车辆系统进行信息交互(包括I2X),可以支持较高空间和时间解析度的自动化驾驶辅助和交通管理。除I1中提供的功能外,可以实现基础实施等静态数据在时空上的连续监测和更新;具备更高精度的车辆和环境等动态非结构化数据的检测传感功能;实现数据高度融合,信息采集、处理和传输的时延低;支持部分数据在车与车之间、车与基础设施之间的实时共享,提供深度分析和长期预测;有限场景内可以实现对自动驾驶车辆的接管和控制,实现限定场景的自动化驾驶和决策优化。其局限为:遇到特殊情况,需要驾驶人接管自动驾驶车辆进行控制;无法从系统层面进行全局优化;主要实现驾驶辅助,需在有限场景内完成自动驾驶。

I3(基于交通基础设施的有条件自动驾驶/高度网联化)定义为高度网联化的交通基础设施可以在数毫秒内为单个自动驾驶车辆(自动化等级大于L1.5及

以上)提供周围车辆的动态信息和控制指令,可以在包括专用车道的主要道路上实现有条件的自动化驾驶。其主要特征有:交通基础设施具备高度的网联化和有条件的智能化;在交通基础设施覆盖的道路上可以支持单个自动驾驶车辆的部分自动化驾驶功能;交通基础设施系统可实现对自动驾驶车辆的横向和纵向控制;可运行在包括具有专用车道等的主要道路的限定场景中;遇到特殊情况,需要驾驶人接管。

I4(基于交通基础设施的高度自动驾驶)交通基础设施为自动驾驶车辆(自动化等级大于 L1.5 及以上)提供了详细的驾驶指令,可以在特定场景/区域(如预先设定的时空域)实现高度自动化驾驶。遇到特殊情况,由交通基础设施系统进行控制,不需要驾驶人接管。其主要特征有:具备高度的信息化和智能化;可为单个自动驾驶车辆提供周围车辆的动态信息和纵横向控制指令;可对自动驾驶车辆(自动化等级 L1.5 及以上)进行横向和纵向的控制;交通控制中心可更优调配所覆盖的车辆,达到全局最优化;在特定场景/区域混合交通场景下可实现高度自动化驾驶;遇到特殊情况,由交通基础设施系统实施控制,不需要驾驶人接管。但是,其仍局限于试验场和园区、自动泊车停车场等封闭区域;高速公路、城市快速路;部分城市主干网络和公交专线。

I5(基于交通基础设施的完全自动驾驶)为交通基础设施可以满足所有单个自动驾驶车辆(自动化等级大于 L1.5 及以上)在所有场景下完全感知、预测、决策、控制、通信等功能,并优化部署整个交通基础设施网络,实现完全自动驾驶。完全自动驾驶所需的子系统无须在自动驾驶车辆设置备份系统,提供全主动安全功能。遇到特殊情况,由交通基础设施系统进行控制,不需要驾驶人参与。

对于自动驾驶而言,"聪明的车"和"智慧的路"是不同的实现途径,因此建设途径和投资方向就有不同的选择。当然采取道路和车辆两个方向齐头并进的建设方式,可以在最短的时间内取得实质进展,但可能造成重复建设和投资较大的问题。另外一个可能比较好的建设方式是重点建设道路智能,在路侧设置边缘计算能力,统一处理感知和决策,再通过 I2X 对网联车辆进行控制。通过车路协同可以大大降低自动驾驶的门槛,单台车可以节省 50%~90% 的费用。车路协同发展策略如图 3-0-1 所示。

三、车路协同的三类应用场景

在车路协同应用场景方面,主要分为安全管理类、效率提升类、信息服务类。

(1)安全管理类:包括向前碰撞预警、后方碰撞预警、左侧碰撞预警、右侧碰撞预警、基础设施碰撞预警、弱势交通参与者碰撞预警、交叉路口碰撞预警;左侧变道辅助、右侧变道辅助、左转弯辅助、右转弯辅助;盲区预警、逆向行车预警、紧急制动预警、异常车辆预警、车辆失控预警;基础设施异常预警、恶劣气象预警、限速预警、违反信号灯预警;超速预警、超限超载预警、人员超载预警、错误驾驶预警、车辆状况监测预警、驾驶人监测预警;摩托车预警。

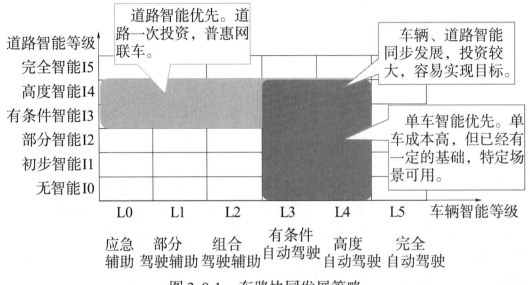

图 3-0-1　车路协同发展策略

（2）效率提升类:包括绿波车速引导、车内标牌提示、前方拥堵提示、紧急车辆提醒、车辆管控提示、专用道路管控提示、道路养护预警、道路工程预警、禁止通行预警、潮汐车道提示、路线导航、气象信息提示、交通事件提示、特殊车辆优先通行、慢速车辆指示、车辆故障提示、交通流量提示、辅助自动驾驶、自动泊车。

（3）信息服务类:包括服务信息发布、车辆远程服务、收费信息、汽车近场支付、V2V 信息传输、数据收集。

四、V2X

V2X 即 Vehicle to Everything,是车路协同系统的核心支撑技术之一。在系统内,车辆通信通常分为四种类型:车辆与车辆之间的通信(V2V);车辆与路边基础设施的通信(V2I);车辆与行人的通信(V2P)。车辆与蜂窝网络的通信(V2N)。这四种情况,统称为车辆到一切的通信(V2X)。

2017 年 9 月中旬,中国智能网联汽车产业创新联盟正式发布《合作式智能交通系统　车用通信系统　应用层及应用数据交互标准》(T/CSAE 53—2017)。该标准属于中国汽车工程学会的团体标准,是国内第一个针对 V2X 应用层的团体标准,为国内各汽车企业及后装 V2X 产品提供了一个独立于底层通信技术的、面向 V2X 应用的数据交换标准及接口,以便在统一的规范下进行 V2X 应用的开发、测试,对V2X大规模路试和产业化具有良好的推动效应。

根据标准,车用通信系统通常可以分为系统应用、应用层、传输层、网络层、数据链路层和物理层,该V2X标准主要关注应用层及应用层与上下相邻两层的数据交互接口。该标准从应用定义、主要场景、系统基本原理、通信方式、基本性能要求和数据交互需求6个方面,已经制定出17个应用的具体要求,包括通信频率、类型、最大时延、通信距离以及定位精度,详见表3-0-2。

车用通信系统基本情况　　　　　　表3-0-2

分类	应用	通信类型	频率（Hz）	最大时延（ms）	定位精度（m）	通信范围（m）	适用通信技术
低时延、高频率	前向碰撞预警	V2V	10	100	1.5	300	LTE-V/DSRC/5G
	盲区预警/变道辅助	V2V	10	100	1.5	150	
	紧急制动预警	V2V	10	100	1.5	150	
	逆向超车碰撞预警	V2V	10	100	1.5	300	
	闯红灯预警	V2V	10	100	1.5	150	
	交叉路口碰撞预警	V2V/I2V	10	100	5	150	
	左转辅助	V2V/I2V	10	100	5	150	
	高优先级车辆让行/紧急车辆信号优先权	V2V/V2I	10	100	5	300	
	弱势交通参与者预警	V2V/I2V	10	100	5	150	
	车辆失控预警	V2V	10	100	5	300	
	异常车辆提醒	V2V	10	100	5	150	
	道路危险状况提示	I2V	10	100	5	300	
高时延、低频率	基于信号灯的车速引导	I2V	2	200	1.5	150	4G/LTE-V/DSRC/5G
	限速预警	I2V	1	500	5	300	
	车内标牌	I2V	1	500	5	150	
	前方拥堵提醒	I2V	1	500	5	150	
	智能汽车返场支付	V2I	1	500	5	150	

V2V 表示车与车之间可以进行直接通信,把车辆作为一个移动通信终端,具有接收和发送车辆状态基本数据的能力。例如,在同一道路上,当后面的一辆车与前面的一辆车快要发生碰撞时,如果两车都具有 V2X 通信的能力,后面的车辆就可以通过接收前车的速度、航向角、车身的灯光状态等车辆状态基本数据,然后根据自身的车辆状态数据进行算法分析,判断是否有碰撞的危险,若有,则提醒驾驶人有跟前车发生碰撞的危险,甚至主动采取避让、制动等操作。

V2I 表示车跟周边基础设施进行通信。例如与十字路口的红绿灯、RSU 进行通信。例如雾天行车、驾驶人会看不清交通信号灯的信息,这时候,车与交通信号灯进行通信,获取当前交通信号灯的实时信息,并且把交通信号灯的信息显示到车载的大屏上,驾驶人就能判断出是否通过十字路口。在未来 L4 级别以上的自动驾驶车辆上,将可以直接接收交通信号灯的信号,用于车辆控制决策。

V2P 表示车跟人之间进行通信,主要依靠人身上的可穿戴设备、手机、电脑等。车与人进行通信主要也是减少车跟人发生碰撞的危险,例如人在过马路时,车与人之间还有另外其他的车辆隔挡住了视线,导致出现盲区。此时,车辆则可以通过与人的通信,判断出盲区内有行人驶入,并立即对驾驶人进行盲区预警。

V2N 表示车跟互联网(云)之间进行通信。V2N 同时可以用于地图更新、交通管理,以及提供一定距离以外的路况环境等信息。此外技术厂商也希望能通过 V2N 收集车辆的驾驶和传感器信息,在网络中进行大数据分析,这更接近于 5G 的 mMTC(海量物联网通信)场景。随着 5G 的到来,V2N 的能力会进一步加强,更有助于自动驾驶信息的获取与传输。

1. V2X 的优势

与 ADAS 相比,V2X 技术的安全保障远远超出其目前可用的安全性能。在 ADAS 中,很多技术都依赖于车辆自身装备的传感器,如计算机视觉与激光雷达,这些技术可能会受到一定的限制,例如,搭载了 ADAS 技术的车辆没办法获取超出传感器工作范围外的其他车辆信息,而 V2X 刚好相反。只要车辆处于车路协同系统通信范围内,理论上 V2X 就可以提供所有车辆的数据信息。通过提高情景感知能力,V2X 将使车辆能够在不同驾驶环境下实现通信,从而降低事故发生概率。

2. V2X 的发展阶段

1992 年,美国材料与试验协会(ASTM)最早提出专用短程通信技术(Dedicated Short Range Communication,DSRC),这是单向或双向、短距离至中距离的无线通信信道,是 V2X 的初步发展形态。在功能上,DSRC 可以实现在特定小范围内

(通常为数十米)对高速运动中的目标进行识别和双向通信,提供高速的数据传输,并保证通信链路的低延时和低干扰。DSRC 要求车辆安装 OBU 以及 RSU。其中,智能网联汽车直接与相应的接收器(OBU 或 RSU)形成通信信道。

在蜂窝移动通信技术发展成熟后,V2X 又进一步发展为 C-V2X(Cellular Vehicle to Everything,基于蜂窝网络的车联网通信技术)。2015 年,3GPP(3rd Generation Partnership Project,第三代合作伙伴计划)正式启动基于 C-V2X 的技术需求以及标准化研究。2017 年 4 月,我国在 ISO TC 204 第 49 次全会上提出的 C-V2X 标准立项申请获得通过,C-V2X 成为 ISO ITS 系统的候选技术。C 是指蜂窝,V2X 代指车用无线通信技术,C-V2X 即通过无线接口把车与相关交互对象连接起来的通信技术,是 5G 未来的重点研究方向,也是车联网的专有协议,面向车联网的应用场景。使用蜂窝电话基站技术连接运输生态系统内的所有车辆和道路基础设施。

2020 年 11 月,美国联邦通信委员会(FCC)正式投票决定将 5.9GHz 频段划拨给 Wi-Fi 和 C-V2X 使用,这标志着美国正式放弃 DSRC 并转向 C-V2X,我国主推的 C-V2X 成为全球车联网唯一标准。

根据 2019 年发布的《C-V2X 产业化路径及时间表研究》显示,V2X 的发展有三个阶段:

(1)2019—2021 年为 C-V2X 产业化部署导入期。在这一阶段,C-V2X 通信设备、安全保障、数据平台、测试认证方面可基本满足 C-V2X 产业化初期部署需求。同时,在国家互联网示范区、先导区及部分特定园区部署路侧设施,形成示范应用,汽车企业逐步在新车前装 C-V2X 设备,鼓励后装 C-V2X 设备,车、路部署相辅相成,形成良性循环,C-V2X 生态环境逐步建立,探索商业化运营模式。

(2)2022—2025 年为 C-V2X 产业化部署发展期。根据前期示范区、先导区建设经验,形成可推广的商业化运营模式,在全国典型城市和道路进行推广部署,并开展应用。

(3)2025 年以后为 C-V2X 产业高速发展期。逐步实现 C-V2X 全国覆盖,建成全国范围内的多级数据平台,跨行业数据实现互联互通,提供多元化出行服务。

3. V2X 的发展阻力

(1)NR-V2X 标准化进展延迟,5G 的其他场景通信标准化工作延迟,标准尚未冻结,导致后续应用开发的延缓。

(2)目前 5G、智能路侧等通信基础设施建设不完善,V2X 传输信道的可靠性难以保证,维护成本高。

(3) 交通使用者对于车路协同认知不够,与自动驾驶技术的融合缓慢,用户需求不足。

(4) 车路协同的商业模式尚不明朗,阻碍了其规模化商业落地。

自2016年起,我国就陆续出台了一系列政策支持车联网以及智能网联汽车的发展,尤其是2020年初,相关部委政策出台十分密集。国家发展和改革委员会等11部委联合发布了《智能汽车创新发展战略》,其中提到"到2025年,车用无线通信网络(LTE-V2X)实现区域覆盖,新一代车用无线通信网络(5G-V2X)在部分城市、高速公路逐步开展应用,高精度时空基准服务网络实现全覆盖";国家发展和改革委会员等23部委发文,要推动车联网部署应用;工业和信息化部也发布《关于推动5G加快发展的通知》。除了政策层面,2019年也有大量车联网先导区(示范区)进行部署落地。据不完全统计,截至2020年底,全国已经拥有超过30个测试示范区,其中包括16个国家级示范区。经过多年的发展,车联网示范区已经覆盖了全部的一线和中东部二线城市,部分基础较好的三线城市也已开始建设,这些示范区涵盖了自动驾驶和V2X测试场景建设、LTE-V2X/5G车联网应用、智慧交通技术应用等功能。

知识模块二 5G 与智能交通

(1) 5G 的基本特点。

(2) 5G 在交通行业中的应用。

5G是第五代移动通信系统的简称,是4G(LTE/WiMax)之后的新一代移动通信系统。对比4G,其峰值速率从1Gbit/s提升到20Gbit/s,用户可以体验到的带宽从10Mbit/s提升到100Mbit/s,频谱利用效率提升3倍,可以支持500km/h的移动通信,网络延迟从10ms提升到1ms,连接设备数由10^5个$/km^2$提升到10^6个$/km^2$,通信设备能量利用率提升了100倍,每秒每平方米数据吞吐量提升了100倍。

从1G到5G,移动通信网络的不断升级迭代,源于人们对于高性能移动通信服务的需求从未被充分满足。从过去2G升级为3G,到现在正处于4G向5G的进化的关键节点,这是人类通信史上最重大的变革。5G更关注应用场景的多元化,强调如何更好地支持行业应用与万物智联,它不再是单一的面向人的移动通信业务,而是实现三大方向的典型应用场景:面向人服务更快速的增强移动带宽(eMBB)、海量连接的物联网(mMTC)、超高可靠低时延通信(uRLLC)。当然,也涵盖了用于5G车联网的5GNR。通信从人与人之间通信,开始转向人与物的通信,直至机器与机器之间的通信。未来5G的广泛应用还将极大推动V2X发展,解决V2X大规模应用后数据传输速度和容量的问题,如支持车用高精度地图数据以及车辆、行驶环境数据的传输,这将促进V2X大规模落地应用,使得L4级别以上的自动驾驶技术广泛应用成为可能。

一、5G的基本特点

1. 高速度

5G的使用频率主要在比2G、3G、4G都高的3～6GHz,速度的提升使得数据传输速效率远远高于以前的蜂窝网络,最高可达10Gbit/s,比当前的有线网都要快,比先前的4G LTE蜂窝网络快100倍。

2. 低延时

3G网络时延约100ms,4G网络时延约20～80ms,5G网络时延下降到1～10ms。5G对于时延的终极要求是1ms,甚至更低。边缘计算技术将被用到5G的网络架构中。5G的超低延迟优势不仅作用在网络上,还能使自动驾驶和交通行业受益。

3. 泛在网

在3G和4G时代,我们使用的是宏基站,功率大、体积大、不能密集部署,导致距离近信号强,距离远信号弱。5G时代将使用微基站,即小型基站,能覆盖末梢通信,使得任何角落都能连接网络信号。其包括两个层面:

(1)广泛覆盖,指人类足迹延伸到的地方,都需要被覆盖,如高山、峡谷等。

(2)纵深覆盖,指人们的生活中已有的网络部署,但需要进入更高品质的深度覆盖,如信号不好的卫生间、地下车库等狭小深层空间。

4. 低功耗

为实现大规模物联网应用,必须考虑低功耗需求。低功耗主要可以通过采用高通的eMTC和华为的NB-IoT技术实现。

(1)美国高通等主导的eMTC。基于LTE协议演进而来,为了适合物与物之间的通信;eMTC基于蜂窝网络进行部署,其用户通过1.4MHz射频和基带宽带直接接入现有的LTE网络。

(2)华为主导的NB-IoT。基于蜂窝网络,通过180kHz就可接入GSM网络/UMTS网络或LTE网络,部署成本降低,平滑升级。

与4G相比,5G的低功耗特性使得设备可以长时间不换电池,有利于各种设

备大规模部署,如共享单车。

5.万物互联

万物互联(IoE)定义为将人、流程、数据和事物结合一起使得网络连接变得更加相关,更有价值。

二、5G 与车联网

2018年11月,工业和信息化部印发《车联网(智能网联汽车)直连通信使用5905～5925MHz 频段管理规定》,规划了 V2X 无线电专用频率 5905～5925MHz 频段共 20MHz 带宽的专用频率资源,用于基于 LTE 演进形成的 V2X(车与车、车与人、车与路之间的直连通信)智能网联汽车的直连通信技术。同时,对相关频率、台站、设备、干扰协调的管理作出了规定。基于 LTE 演进形成的 V2X 智能网联汽车的直连通信技术,就是基于 3GPP R14 协议的 LTE-V 车载专通信协议。目前市场上商用的 LTE-V 芯片、设备都是基于 3GPP R14 协议。

从面向实际部署的智能交通场景中可以看到,从定位精度、最大延时的技术要求上,LTE-V2X 与 5G-V2X 将并存于未来车联网系统。但是,从 3GPP R15 中典型应用场景的数据要求(表3-0-3)中可以看到,通信所需要的时延、数据带宽、可靠性等方面都会更高,LTE-V2X 的技术标准已经无法胜任。

3GPP R15 典型应用场景数据要求　　表3-0-3

项目	编队形式	高级驾驶	扩展传感器	远程驾驶
负荷(Bytes)	50～6500	450～6500	1600	—
发送速率(消息个数/s)	2～50	10～50	—	—
最大时延(ms)	10～25	3～100	3～100	20
可靠性(%)	90～99.99	99.99～99.999	90～99.999	99.999
数据速率	12kb/s～65Mb/s	10～53Mb/s DL:0.5Mb/s UL:50Mb/s	10～100Mb/s	DL:1Mb/s UL:25Mb/s

LTE-V2X 系统实现基本的车联网安全业务,5G-V2X 实现高级复杂的车联网业务,如提供传感器信息共享、无信号灯协作式通行、汽车支付、动态驾驶共享、自动驾驶辅助等业务。

3GPP R16 开展了针对 C-V2X 演讲技术的研究,并且在 5G 新空口(NR)的框架上制定 5G NR-V2X 标准,其灵活的设计可以支持需要低时延和高可靠性的高级车联网应用。NR-V2XPC5(直连通信)框架的灵活性允许轻松扩展 NR 系统,支持未来进一步发展更先进的 V2X 业务和其他业务。3GPP 在 2020 年完成 5G NRV2X 核心标准化工作。5G NR-V2X 技术可以进一步实现和增强多维度自动化,例如感知、规划、定位、意图共享(ADAS)和传感器信息共享等。5GNR-V2X PC5 有不同的通信模式,包括广播模式和组播模式。组播通信模式用于支持群组内的特定互动消息,通常有较高可靠性要求,如群组协商、群组决策、反馈消息等。5G NR-V2X 将与 LTE-V2X 共存,并针对不同的用例。LTE-V2X 将提供基础安全服务,而 5G NR-V2X 将用于支撑自动驾驶等高级汽车应用。

2021 年,L3 级别的自动驾驶是汽车产业乃至整个科技行业中最受关注的技术之一,已经出现在我们的生活中。未来,车-车直连通信对于支持安全可靠的自动驾驶业务至关重要,自动驾驶的感知、决策和执行 3 个层面都将受益于车联网技术而得到增强。基于 C-V2X 技术作为车辆中其他车载传感器的补充而在全球范围内被广泛接受,并将成为 5G 的先导性应用得到部署。C-V2X 通过提供 360°非视距(NLOS)感知,大大扩展车辆检测道路交通参与者的能力,尤其在盲点交叉路口或恶劣天气状况下,更能体现其相对传统车载传感器的优势。

三、5G 应用在交通行业的开展

相比 4G,5G 在速率、时延、连接数、支持移动性等方面均大幅提升,能够为未来智能交通提供更有力的支撑,如构建智能交通基础设施、人-车-路协同交通系统、公网专网高效融合、快速移动互联网应用等。5G 可加快推进高效协同、互动融合的智能网联交通生态系统建设,为构建基于人工智能的交通赋能体系提供强有力的网络支撑。

1) 自动驾驶驶向 5G 时代

自动驾驶汽车在不断增加传感器阵列的情况下,每天将会产生 4000G 的数据,而 4G LTE 的速度约为 12Mb/s,延迟为 60~80ms,难以满足自动驾驶系统对连接、安全的需求。在实现 5G 无线网络技术后,其速度可以达到 10Gb/s,延迟为 1ms,能够支撑自动驾驶技术的发展要求,同时提升汽车之间以及汽车和周围环境之间可靠通信的水平。因此,5G 技术可谓是自动驾驶车辆互联的关键促成器。另外,汽车内部的数字服务也有赖于 5G 技术的实现,凭借超低延迟处理大数据的能力为汽车制造者提升乘客体验。

2）5G 与智慧物流

随着计算机与通信技术的高速发展，物流行业也随之发生了天翻地覆的变化，大量前沿技术得以广泛运用，极大提高了物流的效率和安全质量。同时，随着 5G 移动网络不断成熟和全面商用，人工智能、大数据、云计算、物联网、AR/VR 等关键技术与物流全流程深度融合，将在现代物流行业的仓储、运输、配送等多个领域内得到广泛应用，以"5G + AI + 物流"的新模式，全面促进传统物流向智慧物流转型。

3）5G 与城市道路管理

城市道路管理包括城区主干道和桥梁、高架、隧道等重点道路的管理，通常由各级道路桥梁监督管理服务中心负责维护。5G 和 AI 技术的发展，可以通过前端高清视频监控获取高质量路面画面，通过算法对道路病害进行实时分析，并根据路桥严重程度行程高、中、低三类优先级工单。针对高优先级的工单，可以及时通过 5G 网络将高清视频画面回传，支撑监控中心对路害进行分析并制定相应的解决方案；中低级的路害工单则派发至对应管理所进行统筹管理。

4）5G 与城市轨道交通

在城市轨道交通领域，利用 5G 大带宽能力已实现了高速列车机务、监控等超大数据量的车地传输，直接服务于车辆巡检和运行监测分析，有效提升了列车行车安全性。

5）5G 与航空

在航空领域，利用 5G 大连接能力已实现了机场范围内密集的人、车、设备的广域、一体化的精准位置，有效提升了机坪运作效率与安全等级。

四、5G 交通时代，真的来了

2018 年 9 月 19 日，中国移动发布国内第一条 5G 自动驾驶车辆测试道路。与目前国内封闭的自动驾驶道路不同，位于北京市房山区高端制造业基地的 5G 自动驾驶车辆测试道路完全开放，道路可提供 5G 自动驾驶所需的 5G 网络、5G 边缘计算平台、5G-V2X 能力、5G 高精度定位能力。

2019 年 1 月 5 日，全国首个 5G 地铁站——成都地铁 10 号线太平园站正式开通。此次四川移动在太平园地铁站开通的 5G 基站，是全国第一个覆盖 5G 信号的地铁站，该站将成为四川移动对 5G 室内分布系统进行测试的重要场所。

2019 年 1 月，青岛港自动化集装箱码头成功完成了基于 5G 连接的自动岸桥吊车的控制操作，实现了通过无线网络抓取和运输集装箱。这是全球首例在实际生产环境下的 5G 远程吊车操作,将推动青岛港自动化码头再度实现技术升级。

2019 年 1 月 24 日,中国广州联通与广州白云国际机场正式设立覆盖机场的首个 5G 信号网络,使广州白云国际机场成为我国首个 5G 智慧机场。该机场 5G 的实测速率是目前 4G 速度的 50 倍,用户可在室内感受高速率的网络体验。机场监控设备通过 5G 网络可实现 4K 高清视频实时回传,在云端进行及时分析后,赋予各类监控设备 AI 智能。

2019 年 2 月 18 日,上海虹桥火车站成为我国首个采用 5G 室内数字系统建设的火车站。该火车站于 2019 年内完成 5G 网络深度覆盖,让旅客享受到高速、便捷的 5G 网络服务。

附录

本书共包括二十五个附录,可扫描二维码查看。附录明细表见附表1。

附录

附 录 明 细 表　　　　　　附表1

附录编号	附录内容	附录编号	附录内容
附录一	Linkboy 软件简介	附录十四	北斗定位模块
附录二	Arduino Uno 板	附录十五	超声波测距传感器
附录三	杜邦线	附录十六	延时器
附录四	发光二极管(LED 灯)	附录十七	反复执行语句(for 语句)
附录五	LED 发光模块	附录十八	如果语句(if 语句)
附录六	按钮模块	附录十九	元素—条件类型
附录七	多色灯模块	附录二十	取反语句
附录八	舵机	附录二十一	信息显示器
附录九	红外循迹传感器	附录二十二	自定义指令
附录十	LCD 1602 显示屏	附录二十三	串口助手
附录十一	蜂鸣器	附录二十四	语音朗读器
附录十二	雨滴传感器	附录二十五	电动机驱动板
附录十三	水位传感器		

习题集

习题集及参考答案可扫描二维码查看。

习题集

参 考 文 献

[1] 兰楚文,高泽华.物联网技术与创意[M].北京:北京邮电大学出版社,2020.

[2] 王静霞,张国华,黎明.城市智能公共交通管理系统[M].北京:机械工业出版社,2008.

[3] 孙婷婷.基于车牌识别的一体式寻车数据采集系统的实现[D].杭州:浙江大学,2015.

[4] 崔胜民.智能网联汽车新技术[M].北京:化学工业出版社,2016.

[5] 何福贵.创客机器人实战:基于 Arduino 和树莓派[M].北京:机械工业出版社,2018.

[6] 赵光辉.重新定义交通[M].北京:机械工业出版社,2019.

[7] 黄志坚.智能交通与无人驾驶[M].北京:化学工业出版社,2018.

[8] 李文权,陈茜,李爱增.城市常规公共交通智能化运营调度关键技术[M].北京:科学出版社,2015.

[9] 杨兆升.新一代智能化交通控制系统关键技术及其应用[M].北京:中国铁道出版社,2008.

[10] 曲大义,陈秀锋,魏金丽,等.智能交通系统及其技术应用[M].北京:机械工业出版社,2017.

[11] 吴兵,李晔.交通管理与控制[M].北京:人民交通出版社股份有限公司,2015.

[12] 陈慧岩.无人驾驶汽车概论[M].北京:北京理工大学出版社,2014.

[13] 陆锡明.快速公交系统[M].上海:同济大学出版社,2005.

[14] 张春菊,李冠东,高飞,等."互联网+"城市智慧停车模式研究[J].测绘通报,2017(11):58-63.

[15] 张俊友,王树凤,谭德荣.智能交通系统及应用[M].哈尔滨:哈尔滨工业大学出版社,2017.

[16] 王晶,盛建平,杨厚韵.中国交通信号控制系统的现状分析及发展思考[J].工业控制计算机,2014,27(04):33-35.

[17] 史迪超,史晓明,方芳.浅谈地理信息技术在共享单车中的应用[J].地理空间信息,2018(1):46-47.

[18] 陈慧岩,熊光明.自动驾驶汽车概论[M].北京:北京理工大学出版社,2014.

[19] 刘玉宾,等.基于 GPS 和 GIS 的车载导航电子地图的研发[J].GPS GIS,2009(3).

[20] 王喜富.大数据与智慧物流[M].北京:北京交通大学出版社,清华大学出版社,2016.